Treasures for Scholars Worldwide

師顧堂叢書

蔣鵬翔 沈楠 主編

金澤文庫本

春秋經傳集解

一

〔晉〕杜預 注

隱公 桓公 莊公 閔公

广西师范大学出版社
GUANGXI NORMAL UNIVERSITY PRESS
·桂林·

JINZEWENKU BEN CHUNQIU JINGZHUAN JIJIE

項目統籌：魯朝陽
策　　劃：馬豔超
責任編輯：馬豔超　劉　揚
責任校對：肖承清
責任技編：王增元
美術編輯：于吴萬勍

圖書在版編目（CIP）數據

金澤文庫本春秋經傳集解 ：全 10 册 / （晉）杜預注. -- 影印本. -- 桂林 ：廣西師範大學出版社，2023.8
（師顧堂叢書 / 蔣鵬翔，沈楠主編）
ISBN 978-7-5598-6048-4

Ⅰ. ①金… Ⅱ. ①杜… Ⅲ. ①《左傳》—注釋 Ⅳ. ①K225.04

中國國家版本館 CIP 數據核字（2023）第 090679 號

廣西師範大學出版社出版發行
（廣西桂林市五里店路 9 號　郵政編碼：541004
網址：http://www.bbtpress.com）
出版人：黄軒莊
全國新華書店經銷
廣西廣大印務有限責任公司印刷
（桂林市臨桂區秧塘工業園西城大道北側廣西師範大學出版社集團有限公司創意産業園内　郵政編碼：541199）
開本：880 mm ×1 194 mm　1/32
印張：161.25　　字數：5 160 千
2023 年 8 月第 1 版　　2023 年 8 月第 1 次印刷
定價：2280.00 元（全 10 册）

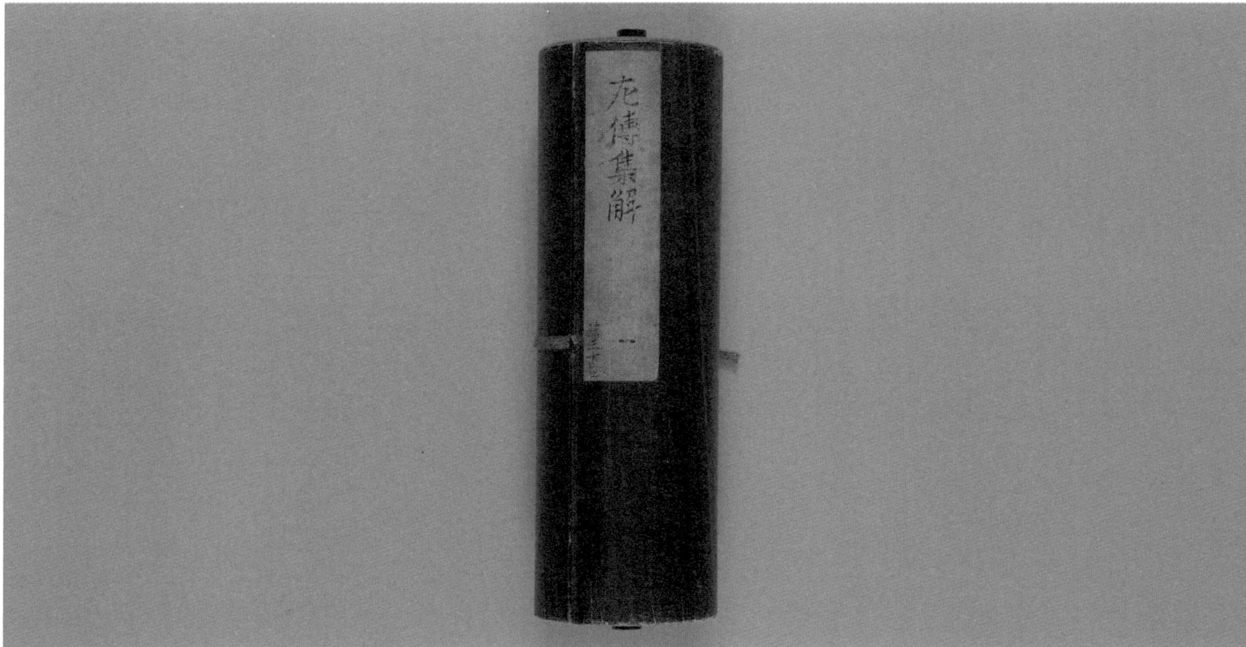

圖一　題簽

圖二　軸首（外）

春秋左氏傳序
春秋者魯史記之名也記事者
以事繫日以日繫月以月繫時
以時繫年所以紀遠近別同異
也故史之所記必表年以首事
金澤文庫

圖三　軸首（內）

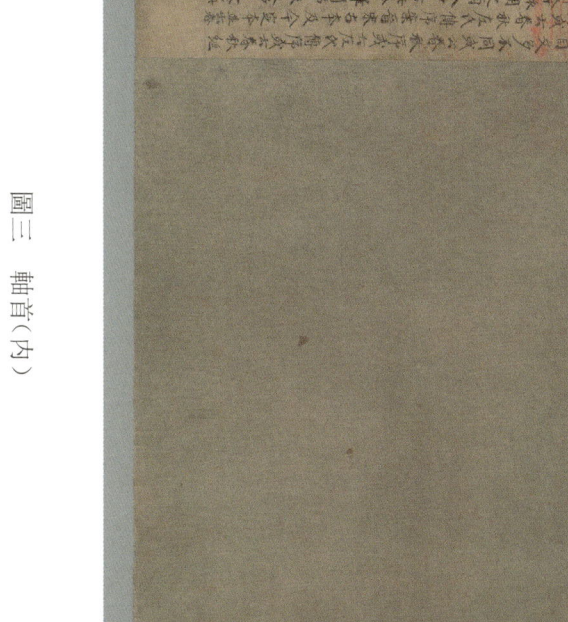

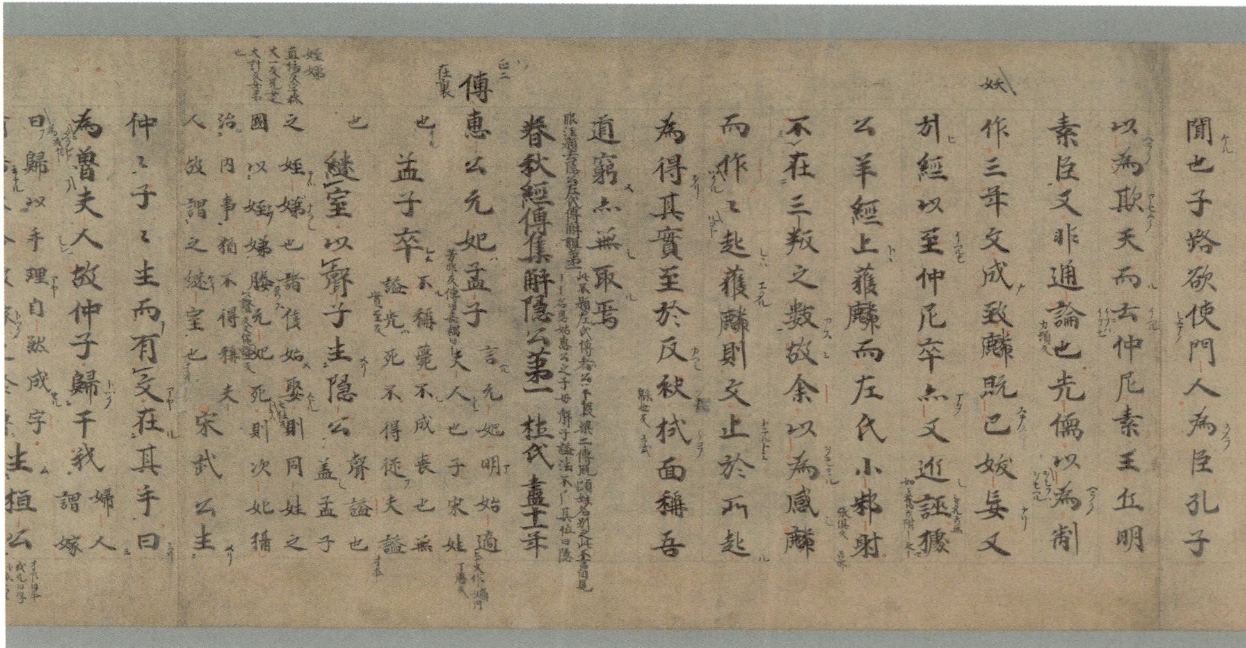

聞也子路欲使門人爲臣孔子
以爲欺天而云仲尼素王丘明
素臣又非通論也先儒以爲制
作三年文成致麟既已妖妄又
引經以至仲尼卒亦又近誣據
公羊經止獲麟而左氏小邾射
不在三叛之數故余以爲感麟
而作〻起獲麟則文止於所起
爲得其實至於反袂拭面稱吾
道窮亦無取焉
春秋經傳集解隱公第一　杜氏　盡十一年
傳 惠公元妃孟子 言元妃明始適夫人也子宋姓
孟子卒 不稱薨不成喪也無謚先死不得從夫謚
繼室以聲子生隱公 聲謚也蓋孟子之姪娣也諸侯始娶則同姓之國以姪娣媵元妃死則次妃攝治內事猶不得稱夫人故謂之繼室也
宋武公生
仲〻子〻生而有文在其手曰
爲魯夫人故仲子歸于我 婦人謂嫁曰歸以手理自然成字
生桓公

圖四　卷一首

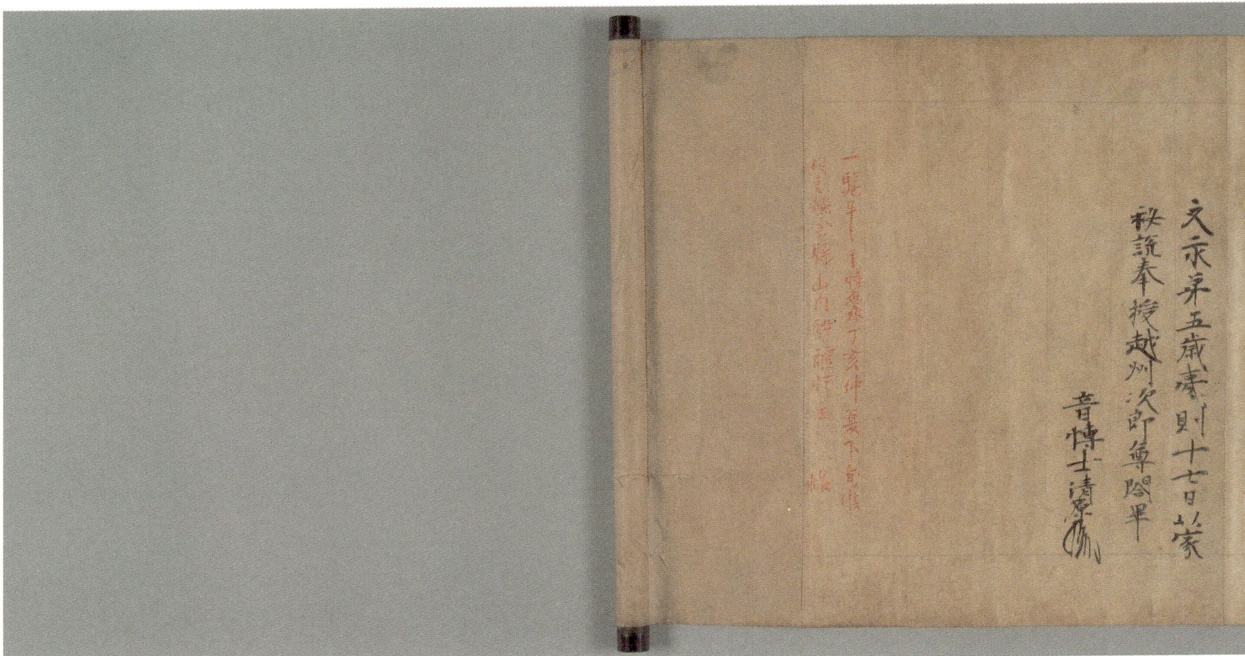

圖五　軸尾（內）

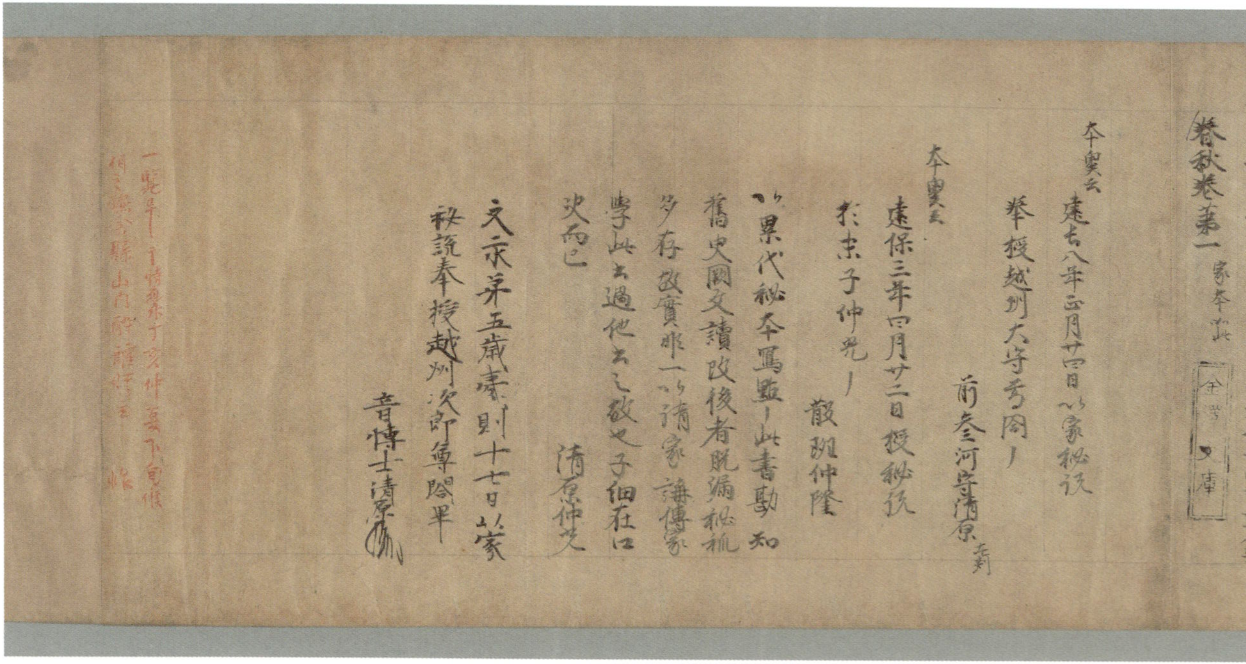
春秋卷第一
本奥云 建長八年正月廿四日以家秘説
奉授越州大守秀剛了 前参河守清原
本奥云 建保三年四月廿二日授秘説
於忠子仲光了 散班仲隆
以累代秘本寫點了此書動知
舊史闕文讀改後者眦漏秘説
多存故實非一以清家嫡傳家
学此書過他書之故也子細在口
決而已 清原仲光
文永第五歳秋則十七日以家
秘説奉授越州次郎將監畢
音博士清原

圖六　奧書

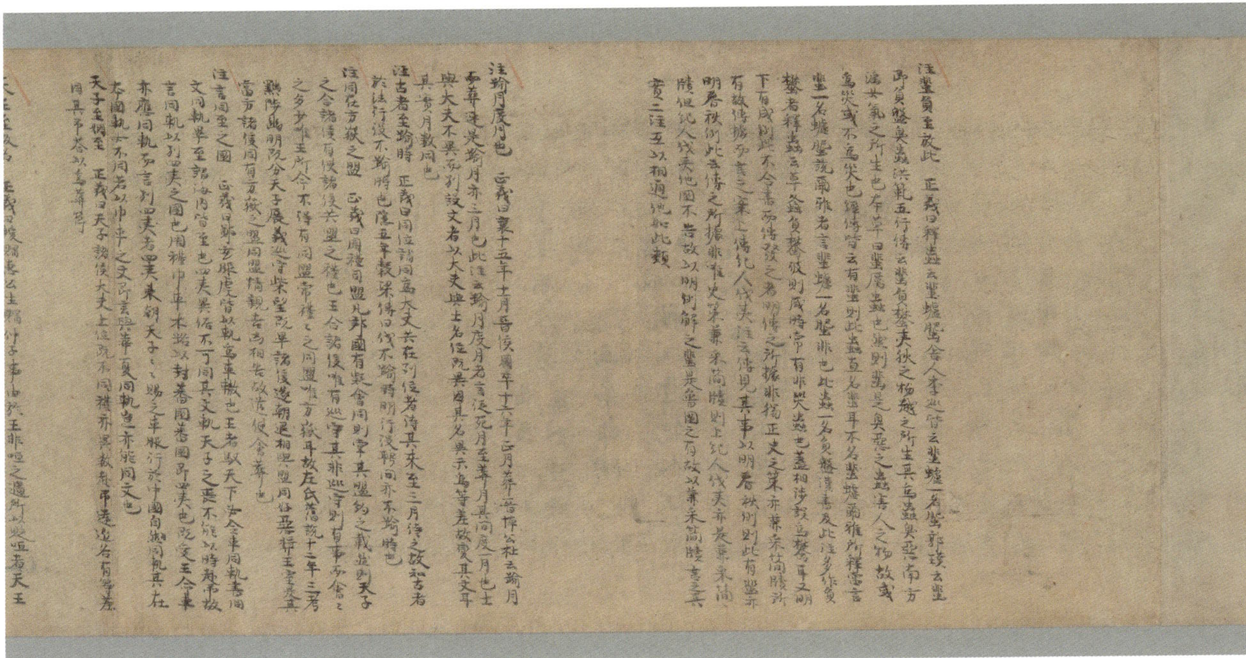

圖七　紙背（一）

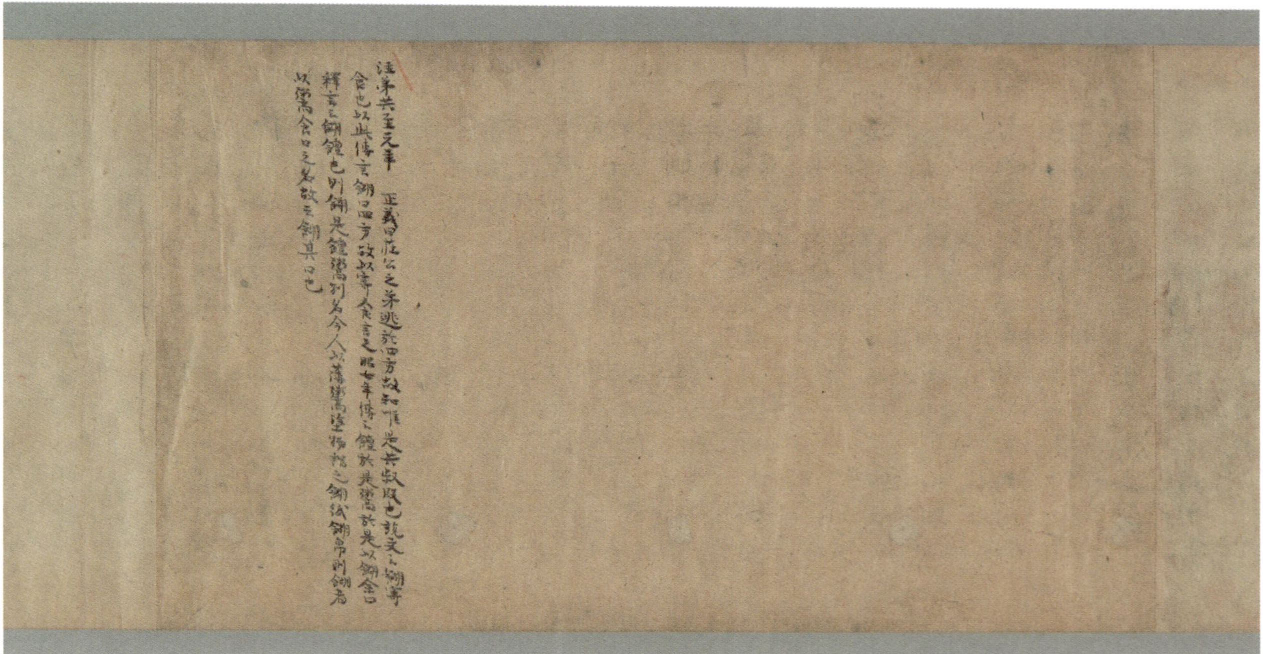

注弟共至之事　正義曰莊公之弟逃於四方故知唯是共叔段也說文云餬寄食也以此傳言餬口四方故以寄食言之昭七年傳云饘於是鬻於是以餬余口釋言云餬饘也則餬是饘鬻別名今人以薄鬻塗物謂之餬紙餬帛則餬為以鬻含口之名故云餬其口也

圖八　紙背(二)

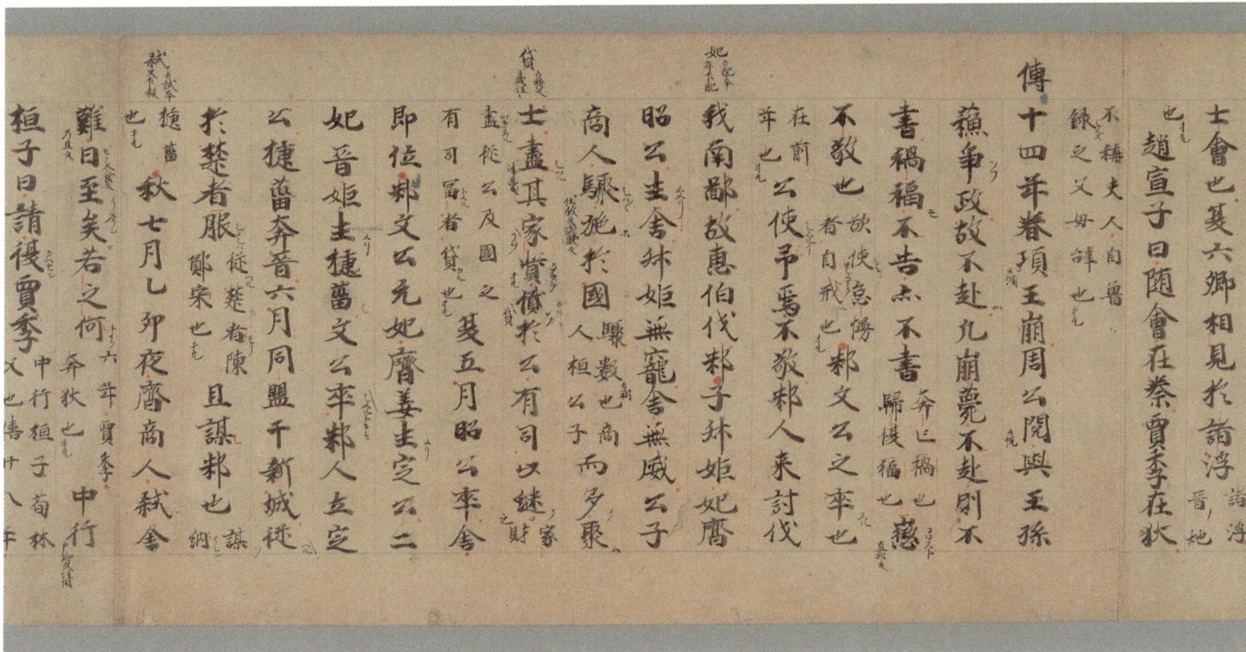

圖九　錯接葉一（卷九）

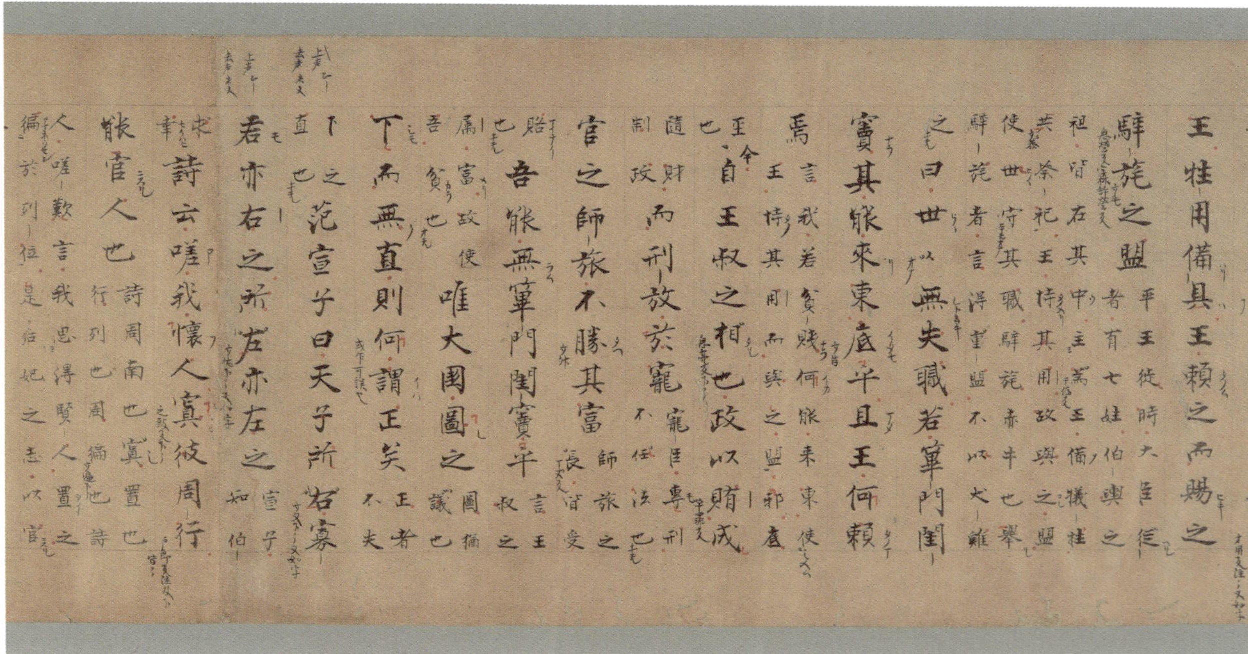

圖十　錯接葉二（卷十五）

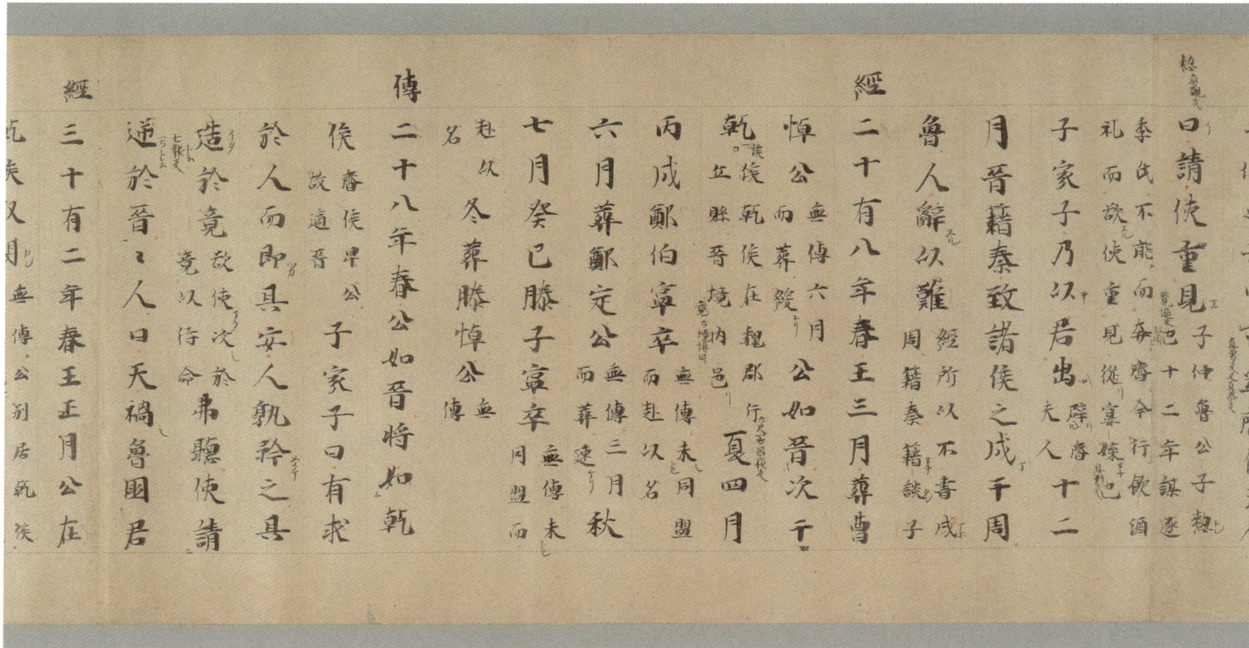

圖十一　錯接葉三（卷二十六）

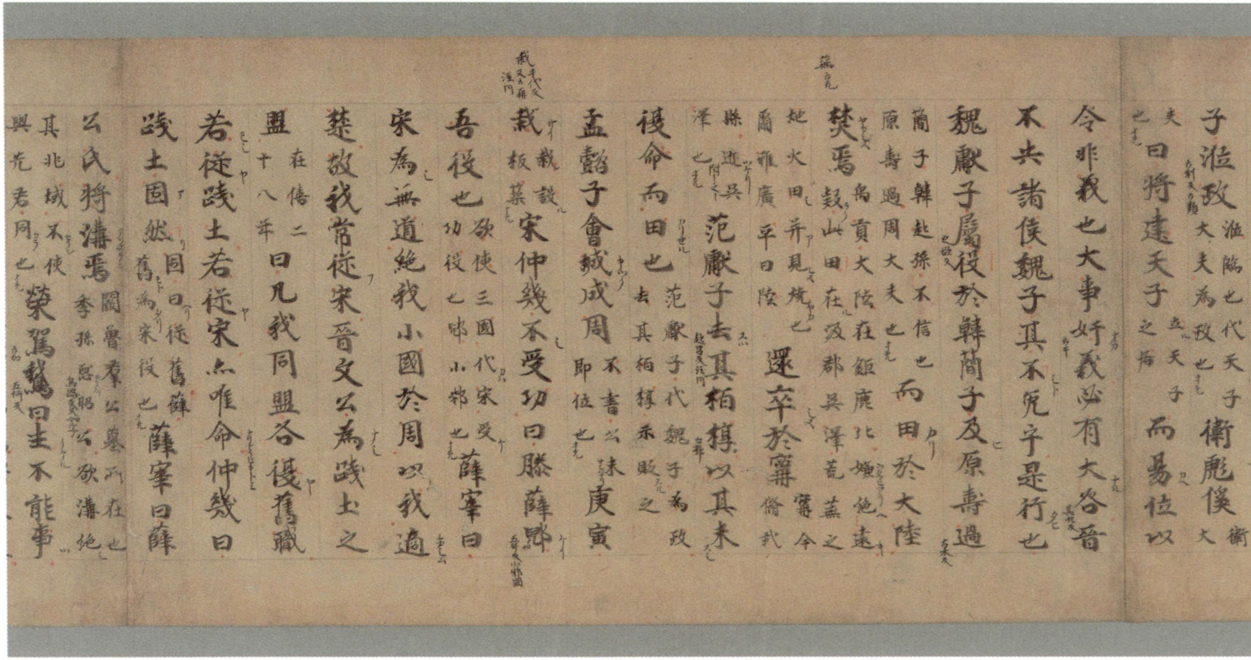

圖十二　錯接葉四（卷二十七）

影印説明

本書影印金澤文庫舊藏日本舊抄本春秋經傳集解三十卷三十大軸，原件今藏日本宫内廳。此帙由三套不同抄本混配成足本：卷二十三、卷二十六爲北條實時抄本，抄寫時間分别爲一二六一年、一二六五年；卷十四、卷十五兩卷爲一二七八年北條顯時抄本；其餘二十六卷爲一二六七至一二六八年北條篤時所抄。顯時、篤時皆實時兒子。父子三人先後分别師事清原教隆及其子直隆、俊隆。清原氏自平安時代（略當唐代）起，以經學爲家業，尤以左傳名。北條父子請清原父子傳授左傳，先借出清原氏世代家傳之抄本，據以録複，後請清原氏講解。故此帙文本淵源有自，當以唐抄本爲祖本。清原氏歷代學人雖有持宋刊本對校，但僅附記異文，未嘗逕改原文。

春秋經傳集解北宋版已逸，而有數種南宋刊本存世。其中静嘉堂所藏八行十六字版本，據補版刻工名，當疑其或即南宋中央官版，最近正宗，可惜已經元明遞修，文本不足據。紹興年間各地政府所刊經書，當據南宋初或北宋監本，其初版文字自可珍重，至修版則訛誤較多，遠遜中央官版之修版。今傳江陰郡刊本、興國軍刊本、撫州刊本均經補修，已失紹興舊貌，且皆非足本。此外，有慶元六年（一二〇〇）紹興府刊八行注疏本，近年先後有幾種影印本，（孔子文化大全、續修四庫全書、中華再造善本）其中經傳注文當推現存最善本。至余仁仲本以下建刊本及十行注疏本，則明清注疏本所自，不必深究。今取八行注疏本、江陰郡本以下現存諸刊本相校，此帙文本往往獨異，而與敦煌出土唐代抄本殘卷吻合，可見此帙確實多存唐代文本，極其珍貴。

此帙舊爲德川家康所藏，幕府時期一直爲德川氏歷代將軍所寶重。明治革命，天皇入主江户城，此帙亦爲天皇家所有。四百年深藏秘府，學人難得一睹。清末楊守敬曾得借閲，歎爲「絶無僅有奇書」，僱書手十數人摹寫全書。楊氏抄寫本今有三部，詳見阿部隆一中國訪書志。（增訂本三二至三三頁、一七三頁）隨後有竹添氏左氏會箋，實多賴島田翰之力，故島田翰古文舊書考叙論此帙綦詳。一九八一年楊伯峻春秋左傳注問世，至今爲研讀左傳之標準版本。楊氏校定經傳文本，特重金澤文庫本。然所據不過左氏會箋，楊氏未嘗一睹此帙真容。故此帙久負盛名，而利用研究，仍以左氏會箋爲限。

利用此帙，蓋有兩難。一難在其大。用紙高大，行界疏闊，全書三十大軸，龐大無比。若欲影印，勢必縮小，而字裏行間批注密麻，又有朱墨點，縮製過小則不可辨識。二十世紀後半期，日本出版多種影印本，其中包含宫内廳所藏北宋版通典、舊抄本群書治要等，尚不能及此帙，而經濟衰落。二〇〇一年綫裝書局日本宫内廳書陵部藏宋元版漢籍影印叢書，二〇一二年上海古籍出版社日本宫内廳書陵部藏宋元版漢籍選刊，皆未顧及抄本。二〇一七年，宫内廳漢籍數據庫免費對外開放，所藏善本皆可綫上瀏覽其全部内容的彩色圖像，一解學者之渴望。但數據庫仍有限制，不能下載高清圖像，欲檢批注朱點而放大圖片，則祇能看到局部，不得同時參照上下文，故祇宜核查，不便研讀。要之，抄本文字不規整，又有無數批注，體裁亦爲軸裝。則今編製影印本，需據原軸圖像進行編裁，既確保内容前後連貫，復能閲讀無憂。又一難在其文本複雜。此帙批注有大量校記，又有訓釋，多種文本及譯解同時并列，欲知其祖本文字，需經一番探討，且往往不可確知。正文文字，或爲某代傳人抄寫訛誤，後人據家傳别本校正，則清原氏祖本文字在校記，而不在正文。曾見楊伯峻等言金澤文庫本作某字，頗以不得見原書爲憾。真見此帙高清圖像後乃知，金澤文庫本究作何字，往往殊不易言。要之，抄本文字變化多端，正文未必正，有待分析斟酌。

師顧堂爲解决此兩難題，盡以綿力。就影印而言，發揮多年編輯影印本積累之經驗，在保證所有文字、符號清晰可見之前提下，做了適當壓縮，控制部頭大小在合理範圍内。至若分析文本内容，則事關古代日本轉抄移録之文化習俗，不便以中國習慣推論，故特請專門研究清原氏經學之齋藤慎一郎先生撰寫解題，介紹此帙背景情況。

師顧堂同仁真誠希望本書能爲研究晋唐學術提供便利，爲愛好讀古書者增添一部珍寶。

二〇二二年五月師顧堂主人

編印凡例

一　本書據日本宮内廳書陵部藏本授權影印出版。

一　爲保留底本細節信息，本書采用灰度方式影印，對底本書影不做任何形式的描潤和修版，僅調整其亮度和對比度，使便閲讀。

一　原書爲卷軸裝，每卷一軸，共三十軸。藏書機構對卷子進行了分段拍攝。今師顧堂據藏書機構所拍影像進行排版，并根據師顧堂叢書的製作尺寸標準對卷子影像進行編裁，裝訂爲精裝單面影印本。

一　今簡選原書題簽、軸首、卷首、奥書、軸尾、紙背及諸錯葉之彩影，置於全書之首，以便讀者得見該書原貌。

一　原卷軸本由單獨的紙張前後粘貼以成軸裝，其間有如下四處紙張順序錯接之處，今皆予以改正：

卷九文公十三年傳「賈季在狄」後誤粘入十四年經「齊人執子叔姬」注「不稱夫人自魯録之父母辭也」至傳「秋七月乙卯夜齊商人弑舍」之内容。

卷十五襄公十年傳「所左亦左之」注「宣子知伯」後誤粘入十五年傳「則民無覦心」注「無覬覦以求幸」至傳「武子寘諸卞」之内容。

卷二十六昭公二十八年傳「天禍魯國君」後誤粘入三十二年經全文至本年傳「越其有吴乎」注「存亡之數不過三紀歳星三周三十六歳故曰不及四十年哀」之内容。

卷二十七定公元年傳「薛宰曰薛」下後誤粘入本年傳「公氏將溝焉」至二年經「雉門及兩觀災」注「無

傳雉門公宫之南門也兩觀闕也天火曰災」之内容。

一　卷軸紙背有原抄讀者之讀書批注，抄寫位置在正文内容對應的紙背之上，逐條另起。今將全書紙背批注集中置於全書之末，并於每條批注之天頭注明所對應正文之頁碼，方便讀者檢尋。

一　本書書眉列全書書名、軸數、卷數、篇名、|魯公世係、年数及頁碼信息。

目録

第一册

軸一

軸三　卷三

莊公

軸四　卷四

第二册

軸五　卷五

軸六　卷六

軸七　卷七

軸二十八　卷二十八

軸二十九　卷二十九

第十册

軸三十　卷三十

哀公下

左傳集解
一
共三十卷

正云此序題目文多不同或云春秋序或云左氏傳序或云春秋經
傳集解序或云春秋左氏傳序案晉宋古本及今定本並云春
秋左氏傳序今依用之南人多云此本釋例序後人移之於此

正云此序題目文多不同或云春秋序或云左氏傳序或云春秋經傳集解序或云春秋左氏傳序案晉宋古本及今定本並云春秋左氏傳序今依用之南人多云此本釋例序後人移之於此且有題曰春秋釋例序置之釋例之端今所不用

春秋左氏傳序

正云此序大略凡有十一段明義以春秋是此書大名先解立名之由自春秋至所記之名也明史官記事之書名曰春秋之義

春秋者魯史記之名也記事者以事繫日以日繫月以月繫時以時繫年所以紀遠近別同異

也故史之所記必表年以首事
年有四時故錯舉以為所記之
名也周礼有史官掌邦國四方之
事達四方之志諸侯亦各有國
史大事書之於策小事簡牘而

彼列反
七各反下皆同
自周礼有史官至其實一也明天子諸侯皆有史官必須記事之義
本又作冊亦作筴同初革反
徒木反函也
子書名姓ー名軻字子輿鄒邑人與齊宣王同時人著此書

檮杌 四為之一 杌云頑 為元儔 匹足貞

已孟子曰楚謂之檮杌晉謂之

子書名姓ー名軻字子輿鄒邑人與齊宣王同時人著書

徒刀反　五忽反

乘而魯謂之春秋其實一也韓

繩證反車也一云兵ー

晉或才元

自韓宣子適魯至舊典礼經也言周史記事ー褒貶得失本有大法之意

宣子適魯見易象與魯春秋曰

名起晉大夫適魯在昭二年

周易上下經之象辭也

周礼盡在魯矣吾乃今知周公之

津盡反後放此

德與周之所以王韓子所見蓋

于況反又如字

德與周之所以王韓子所見蓋

于况反又如字

自周德既衰
至從而明之
言典礼廢缺
善悪無章故
仲尼所以脩此
經之意

周之舊典禮經也周德既衰官
失其守上之人不能使春秋昭
明赴告策書諸所記注多違舊

古毒反一音古報反崩薨曰赴禍福曰告

張住反字或作註

章仲尼因魯史策書成文考其
真偽而志其典禮上以遵周公

之遺制下以明將来之法其教
之所存文之所害則刊而正之
以示勸戒其餘皆即用舊史〻
有文質辭有詳略不必改也故
傳曰其善志又曰非聖人孰能

自左丘明受經於仲尼至所脩之要故也
言丘明依傳務在解經而有無傳之意

脩之蓋周公之志仲尼從而明
之也左丘明受經於仲尼以為
經者不刊之書也故傳或先經
以始事或後經以終義或依經
以辯理或錯經以合異隨義而

發其例之所重舊史遺文略不

直用反又直龍反

盡舉非聖人所脩之要故也身

脩一本作

為國史躬覽載籍必廣記而備

說文云籍薄書也張衡東京賦云多識前世之載言書也

言之其文緩其旨遠將令學者

力呈反下令學者同

原始要終尋其枝葉究其所窮

緐綵文也　於遙反　丈丈反

自身為國史至然後為得也言經旨之表不應須傳有通經之意

優而柔之使自求之饜而飫之使
自趣之若江海之浸膏澤之潤
渙然氷釋怡然理順然後為得
也其發凡以言例皆經國之常
制周公之垂法史書之舊章仲

自其發凡以言例至非例也言並明傳有三等之體

尼從而脩之以成一經之通體
其微顯闡幽裁成義類者皆據
舊例而發義指行事以正褒貶
諸稱書不書先書故書不言不
稱書曰之類皆所以起新舊發

大義謂之變例然亦有史所不
書即以為義者此蓋春秋新意
故傳不言凡曲而暢之也其經
無義例因行事而言則傳直言
其歸趣而已非例也故發傳之
體有三而為例之情有五一曰

自故發傳之體有三至三叛人名之類是也言中也

叛人名之類
是也言仲尼
脩經有五種
之例

體有三而為例之情有五一曰
微而顯文見於此而起義在彼
稱族尊君命舍族尊夫人梁亡
城緣陵之類是也二曰志而晦
約言示制推以知例參會不地

與謀曰及之類是也三曰婉而
成章曲從義訓以示大順諸諱
避璧假許田之類是也四曰盡
而不汙直書其事具文見意丹
楹刻桷天王求車齊侯獻捷之類

前推此五體
至人倫之紀
備矣總六說
聖賢大趣也
以周悉人道
所說經傳理
畢故以此言
結之

是也五曰懲惡而勸善求名而
亡欲蓋而章書齊豹盜三叛人
名之類是也推此五體以尋經
傳觸類而長附于二百四十二
年行事王道之正人倫之紀備

自或曰春秋以錯文見義至釋例詳之也言已異於先儒自明作集解釋例之意

矣或曰春秋以錯文見義若如
所論則經當有事同文異而無
其義也先儒所傳皆不其然荅
曰春秋雖以一字為褒貶然皆
須數句以成言非如八卦之爻

可錯綜為六十四也固當依傳
以為斷古今言左氏春秋者多
矣今其遺文可見者十數家大
體轉相祖述進不成為錯綜經
文以盡其變退不守丘明之傳

於丘明之傳有所不通皆没而
不説而更膚引公羊穀梁適足
以自乱願令所以爲異專脩丘
明之傳以釋經〻之條貫必出
於傳〻之義例揔歸諸凡推變

簡
例以正褒貶簡二傳而去異端
蓋丘明之志也其有疑錯則備
闕
論而闕之以俟後賢然劉子駿
創通大義賈景伯父子許惠卿
潁
皆先儒之美者也末有潁子嚴

不讀
起呂反
方俊[?]　子駿劉歆字
初亮反字亦作剏[?]
名容陳郡人

者雖淺近亦復名家故特舉劉
賈許頴之違以見同異分經之
年與傳之年相附比其義類各
隨而解之名曰經傳集解又別
集諸例及地名譜第歷數相與

名容陳郡人
扶又反下ゝ
賢遍反下ゝ
毗志反
布古反本又作諡門
所具反後不音者皆ゝ

自或曰春秋之作下盡亦無取焉夫明春秋之早晩始隱終麟先儒錯謬之意

為部凡四十部十五卷皆顯其
異同從而釋之名曰釋例將令
學者觀其所聚異同之說釋例
詳之也或曰春秋之作左傳及
穀梁無明文說者以為仲尼自

衛反魯脩春秋立素王丘明為
素臣言公羊者亦云黜周而王
魯危行言遜以避當時之害故
微其文隱其義公羊經止獲麟而
左氏經終孔丘卒敢問所安答曰

乎余所聞仲尼曰文王既沒文
不在茲乎此制作之本意也歎
曰鳳鳥不至河不出圖吾已矣
夫蓋傷時王之政也麟鳳五靈
王者之嘉瑞也今麟出非其時

虛其應而失其歸此聖人所以
為感也絕筆於獲麟之一句者
所感而起固所以為終也曰然
則春秋何始於魯隱公答曰周
平王東周之始王也隱公讓國

弘

之賢君也考乎其時則相接言
乎其位則列國本乎其始則周
公之祚胤也若平王能祈天永
命紹開中興隱公能加宣祖業
光啓王室則西周之美可尋文

武之跡不墜是故曰其歷數附
其行事采周之舊以會成王義
垂法將來所書之王即平王也
所用之歷即周正也所稱之公
即魯隱也安在其黜周而王魯

子曰如有用我者吾其為東
周乎此其義也若夫制作之文
所以章往考來情見乎辭言高
則旨遠辭約則義微此理之常
非隱之也聖人包周身之防既

辟
作之後方復隱諱以避患非所
聞也子路欲使門人為臣孔子
以為欺天而云仲尼素王丘明
素臣又非通論也先儒以為制
妖
作三年文成致麟既已妖妄又

引經以至仲尼卒亦又近誣據
公羊經止獲麟而左氏小邾射
不在三叛之數故余以爲感麟
而作作起獲麟則文止於所起
爲得其實至於反袂拭面稱吾

縣世反　音武

道窮亦無取焉

䏈注題云隱公左氏傳解誼第一　此不題左氏傳者以公羊穀梁二傳既顯姓名別之此不言自見

春秋經傳集解隱公第一　杜氏　盡十一年

隱公名息姑惠公之子母聲子謚法不尸其位曰隱

巳二

傳　惠公元妃孟子　言元妃明始適夫人也子宋姓也

芳非反傳曰嘉耦曰妃　本文作嫡　丁歷反

在裏

孟子卒　不稱薨不成喪也無謚先死不得從夫謚

謚　實至反

繼室以聲子生隱公　聲謚也蓋孟子之姪娣也諸侯始娶則同姓之

姪娣　直結反字林

姪娣 直結反字林丈一反兄女也 娣 大計反女弟也

之姪娣也諸侯始娶則同姓之國以姪娣媵 以證反又繩證反 元妃死則次妃攝治内事猶不得稱夫人故謂之繼室也宋武公生

仲子仲子生而有文在其手曰為魯夫人故仲子歸于我 婦人謂嫁曰歸以手理自然成字有若天命故嫁之於魯 生桓公

言歸魯而生男惠公

また日本或元日字此依公羊傳

有若天命故嫁之於魯

而惠公薨言歸魯而生男惠公不以桓生之年薨也

是以隱公立而奉之隱公繼室之子當嗣

世以禎祥之故追成父志為桓

尚少是以立為大子帥國人奉

之為經元年春

不書即位傳也

為國干偽反後凡為經傳張本悲本之例皆放此更不音

少詩照反

大泰本亦作大字皆作大後大字皆放此

為干偽反

傳山作公羊

經元年春王正月隱公之始年周王之正月也凡

正義曰與經字并

正義曰此經字并下傳字亦杜氏所題以分年相附若不有經字何以異傳不有傳字何以別經又公羊穀梁二傳年上皆無經傳字故知杜所題也釋詁云元始也正長也此公之始年故稱元年此年之長月故稱正月言王正月者王者革前代馭天下必改正朔易服色以變人視聽夏以建寅之月爲正殷以建丑之月爲正周以建

…王之正月也凡人君即位欲其體元以居正故不言一年一月也隱雖不即位然攝行君事故亦朝廟告朔也告朔朝正例在襄廿九年即位例在隱莊閔僖元年也

三月公及邾儀父盟于蔑附庸之君未王命例稱名能自通于大國繼好息民故書字貴之也名例在莊五年邾今魯國鄒縣也蔑姑蔑鄒

魯地魯國卞…

殷以建丑之月爲正周以建子之月爲正三代異制正朔不同故以王子冠之言是今王之正月也王不在春上者月改則春移春非王所改故王不先春王必連月故王處春下周以建子爲正則周之二月三月皆是前世之正月也故於春每月書王王二月者言是我王之二月乃殷之正月也王三月者言是

五[illegible]邾今魯國鄒縣也蔑姑蔑

魯地也魯國卞（皮彥反大千或作弁）夏五月鄭伯克

縣南有姑城也不稱國討而言鄭伯譏

段于鄢（於晩反又於建反又於然反）失教也段不弟故不言弟（徒亂反鄭伯弟名）（六弟反下字）

弟明鄭伯雖失教而段亦凶逆

也以君討臣而用二君之例者

言段強大儁傑據大都以耦國

所謂得儁曰克也國討例在莊

廿二年得儁例在莊十一年母

弟例在宣十七年鄢在滎陽宛（於阮反又於元反）（戶扃反本或作滎非）

殷之正月也王三月者言是我王之三月乃夏之正月也殷有正朔之異故每月稱王以別之何休云二月三月皆有王者二月殷之正月也三月夏之正月也王者存二王之後使統其正朔服其服色行其禮樂所以尊先聖通三統師法之義恭讓之禮服虔亦云孔子作春秋於春每月

䓗依在宣十七年簡在々滎陽宛陵（戸扁反本或作滎非）縣西南鄢今潁川鄢陵縣也　秋七月天王使宰咺（呼阮反）来歸恵公仲子之賵（芳鳳反）宰官咺名也咺賵死不及尸弔生不及哀豫凶事故貶而名之也天子大夫稱字之例仲子者桓之母婦人無謚故以字配姓也来者自外之文歸者不反之辭也　九月及宋人盟于

客主無名皆微者也□□、囯

云孔子作春秋於春每月書王以統三王之正其意以爲王二月王三月王是夏殷之王謂大禹成湯也爲周室之臣民尊夏殷之後爲王每月書王敬奉前代揆之人情未見其可杞宋二王之後各行己祖正朔也宋不行夏杞不行殷而侵天下諸侯偏視二代考諸典籍未之

[illegible]及之辭也

宿客主無名皆微者也宿小國東平無鹽縣也凡盟以國地者國主亦与盟例在僖十九年宋今梁國睢陽縣也

冬十有二月祭伯来祭伯諸侯之爲王卿士者祭國伯爵也傳曰非王命也釋其不稱使也

公子益師卒傳例曰公不与小斂故不書日所以示薄厚也春秋不以日月爲例唯卿佐之喪獨託日以

視二代考諸典籍未之或聞杞宋不奉周正周人来尊夏殷則是重過去而忽當今尊亡國而慢時王其為類倒不亦甚乎且經之所言王二月王三月若是夏殷之王當自皆言正月傳何以言王二月王三月乎謂之三月三月其王非是周王寧得以為夏殷王也

曰以而濟辱也者秋不以

日月為例唯卿佐之喪獨託日以

以見義者事之得失既未足以

褒貶人君然亦非死者之罪無

辭可以寄文而人臣輕賤死日

可略故特假

日以見義也

傳元年春王周正月言周以別夏殷也不

書即位攝也假攝君政不脩即位之禮故史不書

於策傳所以

得以爲夏殺
王也庫云所
書之王即平
王是其事也

…位之禮故史不書於策傳所以見異於常也三月公及邾儀父盟于蔑邾子克也克儀父名未王命故不書爵曰儀父貴之也王未賜命以爲諸侯也其後儀父服事齊桓以獎王室王命以爲邾子故莊十六年經書邾子克卒也公攝位而欲求好於邾

一本无故字才有

好於邾故為蔑之盟解所以要与盟也

四月費伯帥師城郎不書非公命也費伯魯大夫也郎魯邑也高平方與縣東南有郁郎亭傳曰君舉必書然則史之策書皆君命也今不書於經亦因史之舊法故傳釋之也諸魯事傳釋不書他皆放此也初鄭

注 申國今南陽宛縣
共 音恭 地名 凡國名地名人名字氏族皆不重音疑者後出後放此
寤 五故反 寤 本作
段

魯事傳稱書他皆放此
武公娶于申曰武姜 申國今南
陽宛陵縣
也
生莊公及共叔段 段出奔共
故曰共叔
猶晉侯在鄂
謂之鄂侯
莊公寤生驚姜氏
寤寐而莊
故名曰寤生遂惡之
公已生故
驚而
愛共叔段欲立
欲立以之
惡也
爲太子也

亟請於武公〻弗許及莊公即

欺冀反數也

位為之請制公曰制巖邑也虢

于偽反　玉衡反五衡反本亦作巖　瓜百反國名

叔死焉他邑唯命

虢叔東虢君也恃制巖險

而不脩德鄭滅之恐段復然故

扶又反

開以他邑虢國今滎陽縣也

焉

脩

請京使居之謂之京城大叔

大□徑反下皆同

公順之

寵　墻　經

姜請使段居京謂之京城大叔（古泰反下皆同）言寵異於衆臣也京鄭邑今熒陽京縣也

祭仲曰都城過（古卧反後不音者皆同）百雉國之害也

祭仲鄭大夫也方丈曰堵（丁古反）三堵曰雉一雉之墻長（直亮反又如字）三丈高（古報反又如字）一丈侯伯之城方五里徑（古定反）三百雉故其大都不得過百雉也

先王之制大都不過參（七南反又七三）國之

一三分国城之一也中五之一小九之一今京不度非制也不合法度非先王之制也君将不堪公曰姜氏欲之焉避害對曰姜氏何厭之有不如早為之所使得其所宜也無使滋蔓

難圖也蔓草猶不可除况君之寵弟乎公曰多行不義必自斃子姑待之斃踣也姑且也既而大叔命西鄙北鄙貳於己鄙鄭邊邑貳兩屬也公子呂曰國不堪貳君將若之何公子呂鄭大夫

鄭大夫
也欲與大叔臣請事之若弗與
則請除之無生民心叔久不除則舉國之
民當生他心也公曰無庸將自及言無用除
之禍將自及也大叔又收貳以為己邑
前兩屬者今皆取以為己邑也至于廩延言轉侵多

[illegible]

也廩延鄭邑也陳留酸棗縣北有延津也子封曰可矣厚將得衆子封公子呂也厚謂土地廣大也公曰不義不暱厚將崩不義於君不親於兄非衆所附雖厚必崩也大叔完聚完城郭聚人民繕甲兵具卒乘步曰卒車曰乘將襲鄭

市戰反
……車曰乘……
夫人將啓之 啓開也 公聞其期曰
可矣命子封帥車二百乘以伐
京 古者兵車一乘甲士三人步卒七十二人也 京叛
大叔段〻入于鄢〻 鄢 公伐諸鄢五
月辛丑大叔出奔共 共国今汲郡共縣也

郡共縣也
書曰鄭伯克段于鄢段不弟故
不言弟如二君故曰克稱鄭伯
失教也謂之鄭志不言出奔難
之也　傳言夫子作春秋改舊史
以明義也不早為之所而
養成其惡故曰共教段實出奔
而以克為文明鄭伯志在於殺難
言其

宍 肉

而以克為文明鄭伯志在於殺難

言其奔也　遂寘姜氏于城潁　之豉反置也　城潁鄭地也

而誓之曰不及黃泉無相見也

地中之泉故曰黃泉也　既而悔之潁考叔

為潁谷封人　封人典封疆者　居良反　聞之有獻

於公ゝ賜之食ゝ而舍宍　捨服云置也　公問

之對曰小人有母皆嘗小人之
食矣未嘗君之羹請以遺之食而
不啜羹欲以發問也宋華元殺
羊為羹饗士蓋古賜賤官之常
也
公曰爾有母遺繄我獨無繄語
助也
潁考叔曰敢問何謂也據武姜在
設

也……姜在

也設疑問也

公語之故且告之悔對曰

君何患焉若闕地及泉隧而相

見其誰曰不然隧若今延道也公從之

公入而賦大隧之中其樂也融

〻賦〻詩也融〻和樂也

姜出而賦大隧

和樂也

之外其樂也泄ゝ（羊世反）泄ゝ舒散也遂為

母子如初君子曰潁考叔純孝

也純猶篤也愛其母施及（以豉反又式智反）莊公詩曰

孝子不匱（其位反）永錫尒類其是之謂

乎不匱純孝也莊公雖失之於

初孝心不忘考叔感而通之

所謂永錫尒類……

祢考以不忘考叔慮而進之
所謂永錫尒類也詩人之作各
以情言君子論之不以文害意
故春秋傳列詩不皆与今
説詩者同他皆放此也

秋七月天王使宰咺来歸恵公仲子之贈緩且子氏未薨故名

恵公葬在春秋前故曰緩也子氏仲子也薨在二年贈助喪之物也

天

也薨在二年賵助喪之物也

子七月葬同軌畢至言同軌以別四夷之國也諸侯五月同盟至同在方嶽之盟者也大夫三月同位至古者行役不踰時也士踰月外姻至踰月度月也姻猶親也此言赴弔各以遠近為差因為葬節也贈死不及尸尸未葬之通稱

尸證反　諒力亮反力良　於策

曰為葬前也[illegible]葬之
通稱也弔生不及哀諸侯以上既葬則縗麻除
无哭位諒闇終喪也之也
豫凶事非禮也仲子
在而來贈故曰豫凶事也
秋八月紀人伐夷
夷不告故不書夷国在城陽莊武縣紀国在東
莞劇縣隱十一年傳例曰凡諸
侯有命告則書不然則否史不
書于策故夫子亦不書于經傳

[illegible]不然則否史不
於策
書于策故夫子亦不書於經傳
見其事以明春秋例也他皆放此
衍
也有蜚不為災亦不書蜚負蠜
也莊廿
九年傳例曰凡物不為災不書
又於此發之者明傳之所據非
唯史策兼采簡牘之
之季
記也他皆放此之也
惠公未之
年敗宋師于黃ミ宋邑也陳留
外黃縣東有黃
城

直

外黄縣東有黄城也公立而求成焉九月及宋人盟于宿始通也經无義例故傳直言其歸趣而已他皆放此也冬十月庚申改葬惠公乙弗臨故不書以桓為太子故隱公讓而不敢為喪主隱攝君政故攄隱而言公也惠公之薨也

故據隱而言公也

有宋師太子少葬故有闕是以
改葬衛侯來會葬不見公亦不
書（諸侯會葬非礼也不得接公成礼故不書於策也他皆放此）（衛國在汲郡朝歌縣也）鄭共叔之亂公孫
滑出奔衛（公孫滑共叔段之子也）衛人為

滑　干八反　文字八反

廩

段之子也

之伐鄭取廩延鄭人以王師虢

師伐衛南鄙虢西虢國也弘農陝縣東南有虢城

也

請師於邾〻子使私於公子

豫公子豫魯大夫也私請師豫請往公弗許

遂行及邾人鄭人盟于翼翼邾地也

不書非公命也新作南門不書
亦非公命也非公命不書三見者皆興作大事各
擧以倫文
十二月祭伯来非王命也
衆父卒衆父公子益師字也公不與小斂
故不書日礼卿佐之喪小斂大斂君皆親之崇恩厚

斂君皆親之崇恩厚
也始死情之所薦礼之所崇故
以小斂為文至於但臨大斂及
不臨其喪亦
同不書日也

經二年春公會戎于潛戎狄夷蠻
皆氐羌之
別種也戎而書會者順其俗以
為礼皆謂居中國若戎子駒支
者陳留濟陽縣東南
有戎城潛魯地也

夏五月莒

有戎城潛魯地也
小國也譙國龍亢縣
人入向東南有向城莒國今城
陽莒縣也將卑師少稱人弗無
地曰入例在襄十三年也
駭帥師入極元駭魯卿也極附
庸小國也元駭不
書氏未賜族賜族
族例在八年也
秋八月庚辰公
高平方與縣北有
及戎盟于唐
武唐亭八月元庚

武唐亭八月无庚
〻辰〻七月九日九月紀裂繻
也日月必有誤也
來逆女裂繻紀大夫也傳曰卿
為君逆以別卿自逆也
逆女或稱使或不稱使婚礼不
稱主人史各隨其實而書非例
也他皆冬十月伯姬歸于紀无
放此傳
伯姬魯女裂
繻所逆者也紀子帛莒子盟于

繻□逆者也
子帛裂繻字也莒魯有怨
密紀侯既婚於魯使大夫盟莒
以和解之子帛為魯結好息民
故傳曰魯故也比之內大夫
而在莒子上稱字以嘉之也字
例在閔元年密莒邑也城陽淳
于縣東北有密鄉也
十有二月乙卯夫人
子氏薨無傳桓未為君仲子不
應稱夫人也隱讓桓以

應稱夫人也隱讓桓以為太子成其母喪以赴諸侯故經於此稱夫人也不反哭故不書葬例在三年

鄭人伐衛　凡師有鐘鼓曰伐例在莊廿九年

傳

二年春公會戎于潜脩惠公之好　呼報反下同

也戎請盟公辭　許其脩好而不許其盟褻裔狄者不

二而

其盟[?]誓秋者不

足也　莒子娶于向向姜不安莒而

二　而

歸夏莒人入向以姜氏還　傳言共

婿姻之

義凡得失小故經无異文而傳倫

其事案文則是非足以為誡也皆

故　司空無駭入極費庈父勝之　魯

山　徒司馬司空皆卿也庈父費伯也　司

庈

前年城郎今因得以勝極故傳於

前年城郎令臣得以朕之怒古作抃

前年發之戎請盟秋盟于唐復脩戎好

也九月紀裂繻来逆女卿為君逆

也冬紀子帛莒子盟于密為魯故

也鄭人伐衛討公孫滑之乱也

年取廩延之乱也

之亂也

經三年春王二月己巳日有食之（如字本或作蝕下同）无傳

日行遲一歲一周天月行疾一月
一周天一歲凡十二交會然日月
動物雖行度有大量不能不小有
盈縮故有雖交會而不蝕者或有
頻交而蝕者唯正陽之月君子忌
之故有伐鼓用幣之事今釋例以
長曆推經傳明此蝕是二月朔也
不書朔史失之也書朔日例在桓
十七

不書朔史失之也書朔日例在桓十七年

三月庚戌天王崩周平王也實以壬戌崩欲諸侯之遠至故遠日以赴春秋不書實崩日而書遠日者即傳其僞以懲臣子之過也襄廿九年傳曰鄭上卿有事使印段如周會葬今不書葬魯不會也

夏四月辛卯君氏卒隱不敢從正君之禮故亦不敢備礼於其母也

秋武氏子

亦不敢備禮於其女也

來求賻武氏子天子大夫之嗣也平王喪在殯新王未得行其爵命聽於冢宰故傳曰王未葬釋其所以稱父族又不稱使也曾不共奉王喪至令有求經直文以示不敬故傳不復具釋也

八月庚辰宋公和卒稱卒者略外以別內也元年大夫盟於宿故來赴以名也例在七年

冬十有二月齊

也例在七年

侯鄭伯盟于石門來告故書石門

齊地或曰北盧

縣故城西南

濟水之門也癸未葬宋穆公无傳魯使

大夫會葬故書始死書卒史在國

承赴為君故惡其薨名改赴書也

書葬則舉謚稱公者會葬者在外

據彼國之辭也書葬例在昭六年

也

傳三年春王三月壬戌平王崩赴以
庚戌故書之冬君氏卒聲子也不
赴于諸侯不反哭于寢不祔于姑
故不曰薨不稱夫人故不言葬夫人
釋例元故字俗本多在非也
喪礼有三薨則赴于同盟之國一
也既葬日中自墓反虞于正寢所
謂反哭于寢二也卒哭而祔

虞

虞

也既葬日中自墓反虞于正寢所
謂反哭于寢二也卒哭而祔於祖
姑三也若此則書曰夫人某氏薨
葬我小君某氏此備禮之文也其
或不赴不祔則為不成喪故死不
稱夫人薨葬不言葬我小君某氏
反哭則書葬不反哭則不書葬今
聲子三禮皆闕
釋例論之詳也

不書姓為公故曰

不書姓避正夫人也隱見為

君氏

君故特書於經稱曰君氏以

別凡

君故特書於經稱曰君氏以別凡被列反妾媵

鄭武公莊公為平王卿士卿士王卿之執政者言父子秉周之政也王貳于虢虢西虢公也亦仕王朝直遙反王欲分政於虢不扶又反復專任而鳩反後不音皆同鄭伯鄭伯怨王王曰無之故周鄭交質音致下同王子狐音胡為質於鄭鄭公子忽為質於周王子狐平王子

王崩周人將畀必二反與也虢公政周人遂成平王本意也

平王子
王崩周人將畀虢公政周人遂成平
王本意也
意
也
四月鄭祭足帥師取温之麥秋
又取成周之禾
四月今二月也秋
今之芟麥禾皆未
熟言取者蓋芟踐之也温今
河内温縣也成周洛陽縣也
周鄭
交惡
兩相疾
惡也
君子曰信不由中質
無益也明恕而行要之以禮雖無

芟　所銜反

谿 苦兮反 尒雅云山夾水曰澗 山瀆無所通曰谿
沚 音止 市
時
筥 九呂反
傳

有質誰能間之苟有明信澗 音諫 谿 苦兮反 沼 之紹反
沚之毛蘋 音頻 蘩 音煩 薀 紆粉反
谿亦澗也沼池也沚小渚也毛草也
藻 音早 之菜
蘋大蓱 蒲丁反 也蘩皤 蒲何反 白蒿也 蒿
薀藻聚藻也
筐 丘方反 筥 九呂反 錡 其綺反 釜
之器
方曰筐圓曰筥
無足曰釜有足曰錡
潢 音黄 汙 音烏 行潦 音老
之水
潢汙渟水行潦流潦也
可薦於鬼神可

潦流潦也

羞於王公也羞進而況君子結二國

之信行之以礼又焉用質通言盟約彼此

之情故云二國也風有采蘩采蘋采蘩采蘋詩国

風也義取於不嬪薄物雅有行葦泂酌詩大雅也

行葦篇義取忠厚也泂酌篇義取雖行潦可以供祭祀也昭忠

義取雖行潦可以共祭祀也

信也　明有忠信之行雖薄物皆可為用也　武氏子来

求賻王未葬也宋穆公疾召大司

馬孔父而屬殤公焉曰先君舍與

夷而立寡人　先君穆公兄宣公也為夷宣公子即所屬

殤公寡人弗敢忘若以大夫之靈

也

也

得保首領以歿先君若問與夷其

沒 本亦作歿 円

將何辭以對請子奉之以主社稷

寡人雖死亦無悔焉對曰羣臣願

奉馮也 皮冰反亦皮憑反 馮穆公子 公曰不可先君

弃

以寡人爲賢使主社稷若棄德不

讓是廢先君之舉也豈曰能賢言不讓則不是稱賢也光昭先君之令德可不務乎吾子其無廢先君之功先君以舉賢為功我若不賢是廢之也使公子馮出居于鄭避殤公也八月庚辰宋穆公卒殤公

公也

即位君子曰宋宣公可謂知人矣

夫　音符　注同

立穆公其子饗之命以義夫命出於義

也　夫語助　商頌曰殷受命咸宜百祿是

荷　何可反　又音何　本文作何　其是之謂乎　詩頌言殷湯武丁

受命皆以義故任

荷天之百祿也　何可反　或本作福　師義而行則殃公

宜受此命宜荷此祿公子馮不師

宜受此命宜荷此祿公子馮不帥
父義忿而出奔因鄭以求入終傷
咸宜之福故知人之稱唯在宣公
也殷禮有兄弟相及不必傳子
孫宋其後也故指稱商頌也
齊鄭盟于石門尋盧之盟也盧盟在春
秋前盧齊地今濟
北盧縣故城也
庚戌鄭伯之車
僨于濟既盟而遇大風傳記異
也十二月无庚戌日誤
衛

弗問反作也十二月无庚戌日誤

莊公娶于齊東宮得臣之妹曰莊

姜得臣齊太子也太子不敢居上位故常處東宮也美而

無子衛人所為賦碩人也碩人詩義取莊

姜美於色賢於德而不見

荅終以無子國人憂之又娶于

陳今陳國陳縣也

陳曰厲嬀生孝伯早死

（九危反）陳縣也

其娣戴嬀生桓公莊姜以為己子

嬀陳姓也厲戴皆謚也雖為公子

莊姜子然太子之位未定也

州吁（況于反）嬖（必計反）人之子也　嬖親幸也賤而得幸曰嬖　有寵而好（呼報反）

兵公弗禁（居鳩反一音金）莊姜惡（烏路反）之石碏（七略反）諫曰臣

聞愛子教之以義方　石碏衛大夫也　弗納於

邪驕奢淫泆所自邪也四者之来寵禄過也將立州吁乃定之矣若猶未也階之為禍言將立為太子則宜早定若不早定州吁必緣寵而為禍也

夫寵而不驕驕而能降降而不憾憾而能眕者鮮矣

扶發句之端後放此

本又作感同胡暗反恨也五郎反

[illegible]

如此者少也降其身則必恨（本又作感同胡暗反恨也五暗内）（息淺反必之）〻則思乱不能自安自重也　且夫賤妨貴少（詩照反）陵長（丁丈反）遠間（側之反下同）親新間舊小加大　小國而加兵於大国如息侯伐鄭之比（必二反）也　淫破義所謂六逆也君義臣行父慈子孝兄愛弟敬所謂六順也　臣行君之義也　去（起呂反下同）

之義也

順效逆所以速禍也君人者將禍

是務去而速之無乃不可乎弗聽

游

其子厚與州吁遊禁之不可桓公

立乃老〻致仕也四年經書州吁

弑其君故傳先經以始事

經四年春王二月莒人伐杞取牟婁

無傳書取言易也例在襄十三年

襄

無傳書取言易也例在襄十三年

杞國本都陳留雍丘推尋事跡桓六年淳于公亡國杞似并之遷都淳于僖十四年又遷緣陵襄廿九年晉人城杞之淳于杞又遷都淳于也牟婁杞邑也城陽諸縣東北有婁鄉

襄

弒　本文作殺亡試　凡ㄧ君之例皆倣此可以意求不重亡

戊申衛州吁弒其君完　本文作殺亡試　稱臣弒君臣之罪也例在宣四年戊申三月十七日也有日而无月者要

月十七日也有日而无月者

公及宋公遇于清　遇者草次之期二國各簡其礼若道路相逢遇也清衛邑也濟北東向縣有清亭

宋公陳侯蔡人衛人伐鄭秋翬師師會宋公陳侯蔡人衛人伐鄭　許歸反　公子翬魯大夫不稱公子疾其固請彊君以不義也諸外大夫貶皆稱人至於內大夫貶

外大夫貶皆稱人至於內大夫貶則皆去族稱名於記事之體他國可言某人而己卿佐不得言魯人此所以為異也翬溺去族傳曰疾之叔孫豹則曰言違命此其例也

九月衛人殺州吁于濮

州吁弒君而立未列於會故不稱君傳例在成十六年濮陳地水也

冬十有二月衛人立晉

衛人逆公子晉而立之善其得衆故不書入于衛變文以示

立之善其得衆故
不書入于衛變文以示
義也例在成十八年也

傳

四年春衛州吁弑桓公而立公与
宋公為會将尋宿之盟未及期衛
人来告乱夏公及宋公遇于清
在元年
宋殤公之即位也公子馮出

奔鄭。人欲納之及衛州吁立將
脩先君之怨於鄭謂二年鄭人伐衛之怨也而
求寵於諸侯以和其民諸篡立者諸侯既与
之會則不復討故欲求此寵也使告於宋曰君若
伐鄭以除君害。謂宋公子馮也君為主
敝

弊邑以賦与陳蔡從則衛國之願
也言舉國之賦調也宋人許之於是陳蔡
方睦於衛蔡今汝南上蔡縣也故宋公陳侯
蔡人衛人伐鄭圍其東門五日而
還公問於衆仲曰衛州吁其成乎

或作以乱治乱

衆仲魯大夫也對曰臣聞以德和民不聞以乱ゝ謂阻兵而安忍也以乱猶治絲而棼之也絲見棼縕益所以乱也夫州吁阻兵而安忍阻兵無衆安忍無親衆叛親離難以濟矣恃兵則民ゝ殘ゝ則衆叛安忍則刑ゝ過

[illegible]

則親離也夫兵猶火也弗戢將自焚戢莊立反

弑

也夫州吁弒其君而虐用其民於

是乎不務令德而欲以亂成必不

免矣秋諸侯復伐鄭宋公使來乞

師乞師不書非卿公辭之從衆仲之言也羽父請

[illegible]

書非[illegible]之言也

以師會之羽父公子翬也公弗許固請而

行故書曰翬師師疾之也諸侯之

師敗鄭徒兵取其禾而還時鄭不車戰也

州吁未能和其民厚問定君於石

子石子石碏也厚以州吁不安諸其父也石子曰王

覲為可曰何以得覲曰陳桓公方其覲反見也
有寵於王陳衛方睦若朝陳使請直遙反後不出者皆倣此
必可得也厚從州吁如陳石碏使
告于陳曰衛國褊小老夫耄矣無必淺反又必殄反　毛報反
能為也此二人者實弒寡君敢即弑本

圖之八十日耄稱國小已老自謙以委陳使曰其往就圖之陳

人執之而請涖於衛請衛人自臨討之九

月衛人使石醜涖殺州吁于濮石

碏使其宰獳羊肩涖殺石厚于陳君子

曰石碏純臣也惡州吁而厚與焉

焉路反　顏

大義滅親其是之謂乎子從殺君之賊國之大逆不可不除故曰大義滅親明小義則當兼子愛也衛人逆公子晉于邢冬十二月宣公即位公子晉也書曰衛人立晉衆也

殺　一本作

經五年春公矢魚于棠書陳魚以示非禮也書棠譏地也今高平方與縣北有

則秋也書實

譏遠地也今高平方與縣北有
武唐亭魯侯觀魚之臺也　夏四

月葬衛桓公秋衛師入郕　將卑師
衆但稱
師此史
之常也　九月考仲子之宮初獻六

羽　成仲子宮安其主而祭之也惠公
以仲子手文娶之欲以為夫人
諸侯無二嫡蓋隱公成父之志為
別立宮也公問羽數故書羽婦人
无謚因姓

考宮也公問羽數故書羽婦人无諡因姓以若宮也

邾人鄭人伐宋邾主兵故序鄭上也

螟無傳蟲食苗心者為災故書

冬十有二月

辛巳公子彄卒大夫書卒不書葬葬者臣子之事非公家所及也

宋人伐鄭圍長葛潁川長社縣北有長葛城

妣

傳五年春公將如棠觀魚者臧僖伯諫曰凡物不足以講大事

大本亦文作漁者正作漁

臧僖伯公子彄也僖謚也大事祀与戎也

其材不足以備器用則君不舉焉

材謂皮革齒牙骨角毛羽也器用軍國之器也

君將納民於軌物者也故講事

也

以度軌量謂之軌取材以章物采

待洛反又一本如字

謂之物不軌不物謂之乱乱政

亟行所以敗也

起冀反數也

言器用衆物不入

法度則為不軌不

物乱敗

之所起

故春蒐夏苗秋獮冬狩

所求反索也

息淺反殺也

手又反

蒐

索所百反

擇取不孕者苗為苗除害也獮殺

以證反

于僞反

也以殺為名順秋氣也狩圍守也

冬物畢成獲則

獮息淺反說文作獮殺梁傳云春田秋曰蒐

也以殺爲名順秋氣也狩圍守也冬物畢成獲則取之无所擇也

皆於農隙以講事也

各隨時事之間也

三年而治兵入而振旅

雖四時講武猶復三年而大習出曰治兵始治其事也入曰振旅治兵礼畢整衆而還也振整旅衆也

歸而飲至以數軍實

飲至於廟以數車徒器械及所獲也

昭文章

徒器械及所獲也　所主反注同　戶戒反

車服旌旗也　明貴賤辨等列　等列行伍也　順　戶郎反　如字又方免反列也

少長　出則少者在前還則在後所謂順也　習威儀也　丁丈反下注同　詩照反注同

俎　莊呂反
鳥獸之肉　一本无其肉

鳥獸之肉不登於俎　俎祭宗廟器也　皮草齒

牙骨角毛羽不登於器　謂以飾法度之器也

則公不射古之制也若夫山林川　食亦反

隸

澤之實器用之資皁隸之事官司之守也非君所及也士臣皁〻臣輿〻臣隸言取材雜猥之物以資器備是小臣有司之職非諸侯之所親也之

公曰吾將略地焉遜辞以略地也略揔攝巡行之名傳曰東略之不知西則否也

遂往陳魚而觀之

竟

陳設張也公大設捕魚之備而觀也僖伯稱疾不從

書曰公矢魚于棠非禮且言遠地也矢亦陳也棠實他境故曰遠地也曲沃莊伯以

鄭人邢人伐翼曲沃晉別封成師之邑在河東聞喜縣莊伯成師子也翼晉舊都在平陽絳邑縣東邢國在廣平襄國縣

陽絳邑縣東邢國在廣平襄國縣

王使尹氏武氏助之翼侯奔隨

尹氏武氏皆周世族大夫也晉内相攻伐不告亂故不書傳具其事為後晉事張本也曲沃及翼本末見桓二年隨晉地

傳具　一本作傳　才米見賢遍反大作具

見賢遍反

夏葬衛桓公衛亂是以緩

有州吁之亂十四月乃葬傳明其非慢也

四月鄭人侵衛牧

牧　州之徐方目

牧衛邑經書夏四月葬衛桓公今傳直言夏而更以四月附

桓公今傳直言其而更以四月附
鄭人侵衛牧者於下事宜得月以
明事之先後故不從偏舉經文也
三年君氏卒其義亦同他皆放此
也
以報東門之役東門役在四年衛人以
燕師伐鄭南燕國今東郡燕縣也鄭祭足原
繁泄駕以三軍軍其前使曼伯與

子元潛軍其後燕人畏鄭三軍而不虞制人北制鄭邑也今河南成皐縣也一名虎牢六月鄭二公子以制人敗燕師于北制二公子曼伯子元也君子曰不備不虞不可以師曲沃叛王秋王命虢公伐

曲沃而立哀侯于翼春翼侯奔隨故立其子光

也衛之乱也郕人侵衛故衛師入

釋例元文字唯釋文取之摺本并正義作作成郷釋例作郕

郕郕國也東平剛父縣西南有郕郷也九月考仲子

之宮将萬焉萬舞也公問羽數於衆

仲問執羽人數也對曰天子用八八〻六十四人

八音　金鐘石磬　絲琴瑟　竹簫管　土塤木柷　敔匏笙　草鼗也

人數也……十四人

諸侯用六　六六卅六人也　大夫四　四四十六人也　士二　二二四人也士有功賜用樂

夫舞所以節八音而行八風也　八音金石絲竹匏土草木也　八風八方之風也以八音之器播八方之風手之舞之足之蹈之節其制而叙其情者

故自八以下　唯天子得盡物數故

以八為列……

取情者　盡物數故
以八為列諸侯
則不敢用八也
公從之於是初獻
六羽始用六佾也
魯唯文王周公廟得用八而他
公遂因仍僣而用之今隱特立此
婦人之廟詳問衆仲衆仲因明大典
故傳亦因言始用六佾其後季氏
舞八佾於庭知唯在仲子廟用六
也
宋人取邾田邾人告於鄭曰請

邾人告於鄭曰請
君釋憾於宋敝邑為道　釋四年再見伐之恨
鄭人以王師會之　王師不書不以告也　伐宋入
其郛以報東門之役　郛郭也東門之役在四年
宋人使来告命　告命策書也　公聞其入
郛也將救之問於使者曰師何及

郛也將救之問於使者曰師何及
對曰未及國忿公知而故問責窮辭也公怒乃
止辭使者曰君命寡人同恤社稷
之難今問諸使者曰師未及國
非寡人之所敢知也為七年公伐邾傳也冬
十二月辛巳臧僖伯卒公曰叔父
有憾於寡人諸侯稱同姓大夫長

十二月辛巳臧僖伯卒公曰叔父有憾於寡人諸侯稱同姓大夫長曰伯父少曰叔父有恨〻諫觀魚不聽也寡人弗敢忘葬之加一等加命服之等也宋人伐鄭圍長葛以報入郛之役也

正四

經六年春鄭人来渝平和而不盟曰平夏五

[illegible]盟曰平[illegible]

月辛酉公會齊侯盟于艾泰山牟縣東南

有艾山也秋七月雖無事而書首月具四時以成歲也他皆

放此也冬宋人取長葛秋取冬乃告也上有伐鄭

圍長葛長葛鄭邑可知故不言鄭

也前冬圍不克而還今冬乘長葛

無備而取

之言易也

傳六年春鄭人來渝[illegible]渝變

之言易也以豉反傳同

傳六年春鄭人來渝平更成也渝變也公

壞

之為公子戰於狐壤始掌反為鄭所執逃

歸怨鄭ゝ伐宋公欲救宋ゝ使者

失辭公怒而止忿宋則欲厚鄭ゝ

因此而來故經書渝平傳曰更成

翼九宗五正頃父之子嘉父逆晉

侯于隨翼晉舊都也唐叔始封受

懷姓九宗職官五正遂世

為晉强家五正五官之長九宗一

[illegible]懐姓九宗職官五正遂世
為晉彊家五正五官之長九宗一
姓為九族也頃父之子嘉父晉大
夫
也
納諸鄂晉人謂之鄂侯
鄂晉別
邑也諸
地名敍者皆言有以示不審闕者
不復記其闕他皆放此前年桓王
立此侯之子於翼故
不得復入翼別居鄂
夏盟于艾始
平于齊也
春秋前魯与齊不平今
乃棄惡結好故言始平
于[illegible]

乃棄惡結好故言始平
于齊
五月庚申鄭伯侵陳大獲往歲
鄭伯請成于陳成猶平也陳侯不許五
父諫曰親仁善鄰國之寶也君其
許鄭五父陳公子佗徒何反陳侯曰宋衛實難乃旦反注同
可畏難也鄭何能為遂不許君子曰善

難也鄭何能為遂不許君子曰善
不可失惡不可長其陳桓公之謂
悛
乎長惡不悛從自及也悛止也從隨也雖
欲救之其將能乎商書曰惡之易
鄉本亦作嚮同許亮反
也如火之燎于原不可嚮邇商書盤庚
也言惡易長如火焚原野不可嚮近也其猶可撲滅
言不可　周任周

原野不可嚮邇也　其猶可撲滅

言不可撲滅也　周任有言周任周大夫也曰為國

芟所銜反說文夷發匠末反云以足蹋夷草　蘊于云反

家者見惡如農夫之務去草焉芟

夷蘊崇之絕其本根勿使能殖則

紆粉反積也

善者信矣芟刈也夷殺也蘊積也崇聚也秋宋人

取長葛冬京師來告飢公為之請

告飢不以王

共

取長葛冬京師來告饑公為之請
糴於宋衛齊鄭禮也告饑不以王命故傳言京
師而不書於經也雖非王命而公
恭以稱命己國不足旁請鄰國故
曰禮也傳見
隱之賢也鄭伯如周始朝桓王
也桓王即位周鄭交惡
至是乃朝故曰始也王不禮焉
周桓公言於王曰我周之東遷晉
周桓公周公黑肩也周采

周桓公言於王曰我周之東遷晉
鄭爲依周桓公周公黒肩也周采
地也扶風雍縣東北有周
城也幽王爲犬戎所殺平王東徙
晉文侯鄭武公左右王室故曰晉
鄭爲
依也
善鄭以勸来者猶懼不蔇
至
也
况不礼爲鄭不来矣
爲経桓五
并諸侯従
王伐鄭
傳也

傳也

經七年春王三月叔姬歸于紀 无傳 叔姬

伯姬之娣也至是歸者待年於父

母國也不与嫡俱行故書也之

滕侯卒 傳例曰不書名未同盟也

滕国在沛国公丘縣東南

夏城中丘 城例在莊廿九年中丘

在琅邪臨沂縣東北也

齊侯使其弟年來聘 諸聘皆使卿

執玉帛以相

存問也例

凡字本作汎方凡反
虣蒲報反

執玉帛以相
存問也例在襄元年秋公伐邾冬天王使凡
伯来聘凡伯周卿士也凡国伯爵也汲郡共縣東南有汎城
也戎伐凡伯于楚丘以歸戎鳴鐘鼓以伐
天子之使見夷狄彊虣也不書凡伯敗者單使無衆非戰陳也但言
以歸非執也楚丘衛地也在濟陰城武縣西南也

在濟陰城武縣西南也

傳七年春滕侯卒不書名未同盟也

凡諸侯同盟於是稱名故薨則赴

以名盟以名告神故薨亦以名告同盟者也告終稱

嗣也以繼好息民告亡者之終稱嗣位之主嗣位

之主當奉而弗忘故曰繼好々同則和親故曰息民也謂之

此言凡例乃周公所制禮經

之同則和親故曰息民也言
礼經此言凡例乃周公所制礼經
書也十一年不告之例又曰不
書于策明礼經皆當書於策仲尼
脩春秋皆承策為經丘明之傳博
采衆記也故始開凡例特
顯此二句他皆放此也　夏城中
丘書不時也　齊侯使夷仲年来聘
結艾之盟也　艾盟在六年　秋宋及鄭平

援 千眷反　發

結艾之盟也 六年 秋宋及鄭平

七月庚申盟于宿公伐邾為宋討 于偽反注同

也 公距宋而更与鄭平欲以鄭為援今鄭復与宋盟故懼而伐邾欲以求宋故曰為宋討也

初戎朝于周發幣于公卿凡伯弗賓 朝而發幣於公卿如今計獻詣公府卿寺

冬王使凡伯來聘還戎伐之于

楚丘以歸傳言凡伯所

寺[illegible]

楚丘以歸傳言凡伯所以見伐也陳及鄭平六年鄭侵陳大獲今乃平也十二月陳五父如鄭莅盟莅臨也壬申及鄭伯盟歃如忘志不在於歃血也泄伯曰五父必不免不賴盟矣泄伯鄭泄駕也鄭良佐如陳莅盟良佐鄭辛巳及陳侯盟亦知陳

如忘　亡亮反服虔云如而忘已

…賴盟…洩駕也鄭良佐如陳涖
盟良佐鄭大夫也辛巳及陳侯盟亦知陳
之將乱也入其国觀其政治故惣言也皆為桓五年六年
陳乱蔡人殺陳他傳也鄭公子忽在王所故
陳侯請妻之七計反以忽有王寵故也鄭伯許之
乃成婚為鄭千偽反忽失齊婚援以至出奔傳也
經八年春宋公衛侯遇于垂衛地

入[illegible]女以至出奔傳也

經八年春宋公衛侯遇于垂衛地也濟陰句陽縣東北有垂亭三月鄭伯使宛来歸祊宛鄭大夫不書氏未賜族也祊鄭祀大山之邑也在瑯琊費縣東南琅邪

庚寅我入祊桓元年乃卒易祊田知此入祊未肯受而有之也

夏六月己亥蔡侯考父卒無傳

襄六年傳曰杞桓公卒始赴以名

也

六月己亥蔡侯考父卒　傳

襄六年傳曰杞桓公卒始赴以名同盟故也諸侯同盟稱名者非唯見（賢遍反）在位二君也嘗與其父同盟則亦以名赴其子亦所以繼好（呼報反）也蔡未与隱盟蓋春秋前与惠公盟故赴以名也

辛亥宿男卒

元傳元年宋魯大夫盟于宿之宿与盟也晉荀偃禱河稱齊晉君名然後自稱名知雖大夫出盟亦當先稱己君之名以啓神明故薨皆從身盟之例當告以名也傳例

當先稱己君之名以啓神明故甍
皆從身盟之例當告以名也傳例
曰赴以名則亦書之不然則否避
不敏也今宿赴不以名故亦不書
名諸例或發始事或發於後者曰
宜有所異同亦或並明所得
記注本末不能皆備故也　秋七
月庚午宋公齊侯衛侯盟于瓦屋　齊侯尊宋
使主會故宋公序齊上瓦屋周地也　八月葬蔡宣公
無傳三月

齊上瓦屋周地也　八月葬蔡宣公
無傳三月而葬速也　九月辛卯公及莒人盟
于浮来　莒人微者不嫌敵公侯故直稱公也例在僖廿九年
浮来紀邑也東莞縣北有邳鄉〻西有公来山號曰邳来間　邳浦悲反　如字也
螟　無傳為災也
冬十有二月無駭卒　公不与小斂故不書日卒而後賜族故不書氏也　斂力驗反
……平宋衛……

後賜族故不書氏也

傳八年春齊侯將平宋衛平宋衛於鄭也有會期宋公以幣請於衛請先相見衛侯許之故遇于犬丘宋敬齊命也犬丘垂也地有兩名

鄭伯請釋泰山之祀而祀周公以泰山之祊易許田三月鄭

伯使宛来歸祊不祀泰山也成王營王
城有遷都之志故賜周公許田以
為魯國朝宿之邑後世因而立周
公別廟焉鄭桓公周宣王之母弟
也封鄭有助祭泰山湯沐之邑在祊
鄭以天子不能復巡狩故欲以祊
易許田各從本國所近之宜也恐
魯以周公別廟為疑故云已廢泰
山之祀而欲為魯祀周公遜辭以
有求也許田

山之祀而欲為魯祀周公遂辭以
有求也許田近許之田也夏虢公忌父始作卿
士于周〻人於此遂畀之政也四月甲辰鄭
公子忽如陳逆婦嬀辛亥以嬀氏
歸甲寅入于鄭陳鍼子送女先配
而後祖鍼子曰是不為夫婦誣其
鍼子陳大

而後祖鍼子曰是不爲夫婦誣其
祖矣非禮也何以能育鍼子陳大夫也禮逆
婦必先告祖廟而後行故楚公子圍
稱告莊共之廟也鄭忽先逆婦而
後告廟故曰先
配而後祖也
齊人卒平宋衛于
鄭秋會于溫盟于瓦屋以釋東門
之役禮也會溫不書不告也定國息民故曰禮也卒平宋衛
二國忿鄭之謀鄭

息民故曰礼也平宋衛
二国忿鄭之謀鄭　八月丙戌鄭伯
不與盟故不書
以齊人朝王礼也　言鄭伯不以虢公得政而背王
故曰礼之也齊稱人略從国辭上
有七月庚午下有九月辛卯則八
月不得有丙戌也　公及莒人盟于浮來以
成紀好也　二年紀莒盟密爲魯故今
公尋之故曰以成紀好也
齊侯冬来

爲魯故也公尋之故曰以成紀好也

冬齊侯使来告成三國〔齊侯冬来告稱秋和三國也〕公使衆仲對曰君釋三國之圖以鳩其民君之惠也寡君聞命矣敢不承受君之明德〔鳩集也〕

無駭卒羽父請謚與族公問族於衆〻仲對曰天子建德〔立有德之以

卒羽父請謚與族公問族於衆

仲〻對曰天子建德立有德之以為諸侯也

因生以賜姓因其所由生以賜姓謂若舜由媯汭故陳

為媯姓也胙之土以命之氏報之以土而命氏曰

陳也諸侯以字諸侯位卑不得賜姓故其臣因氏其王父

字也為謚因以為族或便即先人之謚稱以為族

謂

也或便即先人之謚稱以為族

官有世功則有官族邑亦如之謂取

其舊官舊邑之稱以

為族皆稟之時君也公命以字為

展氏諸侯之子稱公子公子之子稱公孫公孫之子以王父字

為氏无駭公子展之孫也故為展氏

經九年春天王使南季來聘無傳南季天子

大夫也南

經九年春天王使南季來聘季天子
大夫也南氏季字也

傳正義云當如傳言大雨霖以震也經脱霖以二字而妄加電也雖然隨文可讀世舊説如此歟

三月癸酉大雨震電庚
辰大雨雪三月今正月也
挾卒無傳挾魯大夫未賜族者
夏城郎秋七月冬公會齊侯
于防〻魯地也在琅邪華陰縣東南

天本衣　華陰縣本无陰字又案釋例无之

傳九年春王三月癸酉大雨霖以震

書癸酉始

云霖尒雅云久雨謂之淫〻雨謂之霖

書始也書癸酉始雨日也庚辰大雨雪亦

如之書時失也裝之正月微陽始出未可震電既震

電文不當大雨雪故皆為時失也凢雨自三日以

往為霖此觧經不書霖也而經無霖字經誤也平地

尺為大雪夏城郎書不時也宋公

[illegible]

共　六泰本文亦供

不王不共王職也鄭伯為王左卿士以

王命討之伐宋宋以入郛之役怨

公不告命入郛在五年公以七年伐邾欲以說宋而宋猶

不知也公怒絕宋使秋鄭人以王命

來告伐宋遣使致王命也伐宋未得志故假更告之冬

公會齊侯于防謀伐宋也北戎侵

未得志故復更告之 扶又反
公會齊侯于防謀伐宋也北戎侵
鄭〻伯禦之患戎師曰彼徒我車
懼其侵軼我也 徒步兵也 公子突
直結反又音逸突也 軼突也
曰使勇而無剛者嘗寇而速去之
公子突鄭厲公也嘗試也
勇則能往無剛不恥退也 君為三
覆伏

勇則能往無剛不恥退也君為三
覆以待之覆伏兵也戎輕而不整貪而
無親勝不相讓敗不相救先者見
獲必務進進而遇覆必速奔後者
弗救則無繼矣乃可以逞逞解也從
之戎人之前遇覆者奔祝聃逐之
祝聃鄭衷戎師前後擊盡殪為

祝聃鄭大夫也　衷戎師前後擊之盡殪　為三部伏兵祝聃帥勇而無剛者先犯戎而速奔以過二伏〻兵至後伏〻兵〻起戎還走祝聃反逐之戎前後及中三處受敵故曰衷戎師也　殪死也　逐戎師大奔　後駐軍不殘繼也　十一月甲寅鄭人大敗戎師　山皆春秋時事雅維無正

事雖經無正

文所謂必廣記而備言之將令學
者原始要終尋其枝葉究其所窮
也他皆
放此

經

十年春王二月公會齊侯鄭伯于
中丘

傳言正月會癸丑盟釋例推
經傳日月癸丑是正月廿六
日也知經
二月誤也

夏翬帥師會齊人鄭人

伐宋

公子翬不待公命而貪會二

二月誤也夏翬帥師會齊人鄭人
伐宋公子翬不待公命而貪會二
国之君疾其專進故去氏齊
鄭以公不至故亦更使微者從之
伐宋不言及明翬專行非鄧之謀
也及例在六月壬戌公敗宋師于
宣七年
菅齊鄭後期故公獨敗宋師書敗
宋未陳也敗例在莊十一年菅
宋辛未取郜辛巳取防鄭後至得
地郜防二邑
歸功於魯故書取時明不用師徒

郜防二邑
歸功於魯故書取時明不用師徒
也濟陰城武縣東南有南郜城高
平昌邑縣西南　秋宋人衛人入鄭
有西防城也
宋人蔡人衛人伐戴鄭伯伐取之
三國伐戴鄭伯因其不和伐而取
之書伐用師徒也書取克之易也
戴國今陳留外黃
縣東南有戴城也　冬十月壬午齊

戴 古冊字林作䵧云故國在陳留

縣東南戴城也冬十月壬午齊

人鄭人入郕

傳

十年春王正月公會齊侯鄭伯于

中丘癸丑盟于鄧為師期尋九年會於防

謀伐宋也公既會而盟盟不書非後期也蓋公還告會而不告盟也

鄧魯地也夏五月羽父先會齊侯鄭伯

言先會明非公本期

地也
伐宋言先會明非公本期也釋翬之去族也六月戊
申公會齊侯鄭伯于老桃會不書不告于
廟也老桃宋地也六月無戊申戊申五月廿三日日誤也壬戌
敗宋師于菅庚午鄭師入郜辛未
歸于我庚辰鄭師入防辛巳歸于
壬戌六月七日庚午十五日也

歸于我庚辰鄭師入防辛巳歸于

我　壬戌六月七日庚午十五日也庚辰廿五日也鄭伯後期而公

獨敗宋師故鄭頻獨進兵以入郜防入而不有曾取之推功上爵讓

以自替不有其實故經但書魯取以成鄭志善之也　君子謂鄭

莊公於是乎可謂正矣以王命討

不庭　下之事上皆成礼於庭中也　不貪其土以

體　勞皆敘其勤以

礼於庭中也　不貪其土以

勞王爵正之礼也　勞者叙其勤以答之也諸侯相

朝逆之以饔餼謂之勞也魯侯

爵尊鄭伯爵卑故言以勞王爵也

蔡人衛人郕人不會王命　伐宋也

秋七月庚寅鄭師入郊猶在郊　鄭師還辟兵於鄭遠郊也

宋人衛人入鄭　宋衛奇兵承虛

蔡人従之伐戴　従宋衛

於鄭遠郊也宋人衛人入鄭奇兵
承虚入鄭蔡人從之伐戴從宋衛伐戴也八月
壬戌鄭伯圍戴癸亥克之取其三
師焉三國之軍在戴故鄭伯合圍之師者軍旅之通稱也宋
衛既入鄭而以戴召蔡人伐戴乃召之也
蔡人怒故不和而敗言鄭取之易也九月
戊寅鄭伯入宋報入鄭也九月元

…之賜也…

戊寅鄭伯入宋　報入鄭也九月无戊寅戊寅八月廿
四日　冬齊人鄭人入郕討違王命
也

經十有一年春滕侯薛侯來朝　諸侯相朝
例在文十五年　夏公會鄭伯于時來　時來郲地
也滎陽縣東有…

十五年[illegible]邾地
也滎陽縣東有　秋七月壬午公及
釐城鄭地也（音来又規力之反）
齊侯鄭伯入許　与謀曰及還使許
叔居之故不言滅
也許潁川
許昌縣也　冬十有一月壬辰公薨
實弑書薨又不書
地者史策所諱也

經

傳　十一年春滕侯薛侯來朝爭長
國薛侯曰我先封薛祖奚仲夏

傳[illegible]魯

國薛縣也　薛侯曰我先封　薛祖奚仲夏所封在周之

前也　滕侯曰我周之卜正也　卜正卜官之長

也　薛庶姓也我不可以後之　庶姓非周

之同姓也　公使羽父請於薛侯曰君與

滕君辱在寡人周諺有之曰山有

木工則度之賓有禮主則擇之

齒

木工則度之大洛反賓有礼主則擇之諺俗語也擇所
宜而周之宗盟異姓為後盟載書
行也皆先同
姓例在寡人若朝于薛不敢与諸
定四年
任齒薛任姓也齒列也君若辱貺寡人則
願以滕君為請薛侯許之乃長滕
侯夏公會鄭伯于時郲謀伐許也

侯及公會鄭伯于時來謀伐許也
鄭伯將伐許五月甲辰授兵於大
宮大宮鄭祖廟也公孫閼與頴考叔爭車
公孫閼鄭大夫之也頴考叔挾輈以走輈車轅也
子都拔棘以逐之子都公孫閼也棘戟也及

顛

[illegible]也棘戟也

大逵弗及子都怒　逵道方九軌也　求龜反尓雅云九達謂之逵杜云道方九軌此依考工記

公會齊侯鄭伯伐許庚辰傅于許　方附注同

傅於許城下也　潁考叔取鄭伯之旗蝥弧　亡侯反　方胡

以先登　蝥弧旗名也　子都自下射之顛　食亦反下及注同

〻隊而死也　瑕叔盈又以蝥弧登　瑕叔盈鄭大

周麾而呼[illegible]　許危反　火故反　周徧也

死也……盈　鄭

大夫　周麾而呼曰君登矣　周徧也　麾招也　許危反又許僞招也　上遙反　鄭

師畢登壬午遂入許　莊公奔衛

奔不書兵乱遁　徒頓反　齊侯以許讓公　公

逃未知所在也　於

共　亦作供　下門注及下同　曰君謂許不供　不供職　故從君討　貢也

之許既伏其罪矣雖君有命寡人

之許既伏其罪矣雖君有命寡人
弗敢與聞乃與鄭人鄭伯使許大
夫百里奉許叔以居許東偏許夫許叔許莊公之弟也東偏東鄙也
曰天禍許國鬼神實
不逞于許君而假手于我寡人借手於我寡德之人以討許也
寡人唯是一二父兄父兄同姓羣臣

人以討許也寡人唯是一二父兄
不能供億父兄同姓羣臣也供給億安也其敢以
許自為功乎寡人有弟不能和協
而使餬其口於四方弟共叔段也餬鬻也段出
奔在元年
其況能敢久有許乎吾子其
奉許叔以撫柔此民也吾將使獲
[illegible]獲鄭大夫[illegible]

餬　於力反　胡[illegible]鬻也說文寄食
本文作鬻之育反又与六反

奉許叔以撫柔此民也吾將使獲
也佐吾子 獲鄭大夫公孫獲也 若寡人得沒
于地 以壽終也 如字又方授 天其以禮悔禍于許 言天
加禮於許而悔禍也 無寧茲許公復奉其社 扶又反又方服
稷 無寧寧也 茲此也 唯我鄭國之有請謁焉
如舊婚媾 古豆反 謁告也婦人之父曰婚重婚曰媾 其能

女□女曰婿重婚曰媾　于□
降以相從也降無滋他族實逼
處此以與我鄭國爭此土也吾子
孫其覆亡之不暇而況能禋祀許
乎絜齊以享謂之禋祀謂許山川之祀也寡人之使
吾子處此不唯許國之為亦聊以

吾子處此不唯許國之爲（于偽反）亦聊以

固吾圉（魚呂反）也　圉邊垂也　乃使公孫獲處許

西偏曰凡而器用財賄（呼罪反字林云悔）無寘（之豉反置也）於許

我死乃亟（紀力反急也下注同）去之吾先君新邑於此

今河南新鄭　舊鄭在京兆　王室而既卑矣周

之子孫日失其序　鄭亦周之子孫也　夫許

大岳神農之後爲

之亡孫曰言其人子孫也　[illegible]許

大岳之胤也大岳神農之後爲四岳也胤繼也天而

既厭周德矣吾其能與許爭乎君

子謂鄭莊公於是乎有禮禮經國家

定社稷序民人利後嗣者也民本作人許無

刑而伐之服而舍之刑法也度德而處

[illegible]

…也度待洛反德而處

之量力而行之相息亮反時而動無累劣僞反注同後

人我死乃亟去之可謂知禮矣鄭

豭古加豭猪別名

伯使卒出豭行出犬雞以詛側慮反射潁

考叔者百人為卒廿五人為行々亦卒之行列也疾射潁考叔者故令力呈反卒及行間皆詛之也

君子謂鄭莊公失

政刑矣政以治民刑以正邪

行閒皆詛之也

政刑矣政以治民刑以正邪既無

德政又無威刑是以及邪大臣不睦又不

能用刑於邪人邪而詛之將何益矣王取

鄔劉二邑在河南緱氏縣西南有鄔聚西北有劉亭蔿

邘之田于鄭蔿邘鄭二邑也而與鄭人蘇

蘇忿生周武王司今温

沁七浸反字林先衽反郭璞注蒼頡解詁云狗一之一沈又何疏鳩又今華明思今孟反水名

邘之田于鄭二邑也而與鄭人蘇

忿生之田蘇忿生周武王之司寇蘇公也溫今溫縣也

原在沁水縣西絺在野王縣西南樊一名陽樊野王縣西

南有陽城隰郕在懷縣西南也欑茅在脩武縣北也

向軹縣西有地名向上盟今盟津也州今州縣也陘闕

隤在脩武縣北懷今懷縣也凡十二邑皆蘇忿生之田也欑茅隤

屬汲郡餘皆

隰北上蘇忿生之田也攢茅隤屬汲郡餘皆屬河内也

君子是以知桓王之失鄭也恕而行之德之則也礼之經也己弗能有而以與人人不至不亦宜乎

蘇氏叛王十二邑王所不能有也為桓五年從王伐鄭張本

鄭息有違言以言語相違恨也息侯

竟

伐鄭〻伯與戰于境息師大敗而
還息國汝南新息縣也君子是以知息之將
亡也不度德鄭莊賢也不量力息國不
親〻鄭息同姓之国不徵辭不察有罪言語
相恨當明徵其辭以審曲直不宜輕闘也犯五不韙而
以伐人其喪師也不亦宜乎韙是

審曲直不宜輕鬪也犯五不韙而韙韋鬼反[illegible]
以伐人其喪師也不亦宜乎韙是也息浪反
冬十月鄭伯以虢師伐宋壬戌大
敗宋師以報其入鄭也入鄭在十年宋
不告命故不書凡諸侯有命告則
書不然則否命者国之大事政令也承其告辭史乃
書之于策若所傳聞行言非將君

臧

[illegible]命也承其告辭史乃
書之于策若所傳聞行言非將君
命則記在簡牘而已不得記於典
策此蓋周禮之舊制也師出臧否亦如之臧否謂善
惡得失也滅而告敗勝而告克雖
此皆互言不須兩告乃書也
及滅國滅不告敗勝不告克不書
于策羽父請殺桓公將以求大宰
大宰官[illegible]

大宰官公曰為其少故也吾將授
名也
之矣授位也使營菟裘吾將老焉菟裘
魯邑也在泰山梁父縣南不欲
復居魯朝故别營外邑也之
父懼反譖公于桓公而請弑之公
之為公子也與鄭人戰于狐壤止
内諱獲故言止

寪

之無公子也與鄭人戰于狐壤止爲內諱獲故言止也狐壤鄭地也鄭人因諸尹氏尹氏鄭大夫也賂尹氏而禱於其主鍾巫主尹氏所主祭之也遂與尹氏歸而立其主立鍾巫於魯也十一月公祭鍾巫齊于社圃社圃園名之也館于寪氏館舍也寪氏魯大夫也

寪圃（布古反）名之也　館于寪氏　魯大夫也

壬辰羽父使賊弒公于寪氏立桓公而討寪氏有死者　欲以弒君之罪加寪氏而復不能以正法誅之傳言進退无所據也　不書葬不成喪也　桓公弒隱公簒立故喪礼不成也

注七千二百六十二字

春秋經傳集解隱公第一　經七千二百六十二字

春秋卷第一　家本在　注七千四百一十八字

本奥云

建長八年正月廿四日以家秘説

奉授越州太守尊閤了

前參河守清原在判

前參河守清原

本奥云

建保三年四月廿二日授秘説

於末子仲光了

散班仲隆

以累代秘本寫點了此書勘知

舊史闕文讀改後者既漏秘説

多存故實非一以請家諱傳家

學此書過此書之故也子細在口

多存故實非一〻許家説詳傳家
學此書過他書之故也子細在口
決而已　清原仲光

文永第五歳春則十七日以家
秘説奉授越州次郎尊閤畢
音博士清原（花押）

一覧畢〻　于時應永丁亥仲夏下旬候

相之鎌倉縣山内醉醒軒主　比丘

左傳集解
一

春秋経傳集解桓公第二　杜氏　盡十八年

春秋經傳集解桓公第二　杜氏　盡十八年

經

元年春王正月公即位嗣子位定於初喪而
改元必須踰年者繼父之業成父
之志不忍有變於中年也諸侯每
首歲必有禮於廟諸遭喪繼位者
因此而改元正位百官以序故國
史亦書即位之事於策也桓公篡
立而用常禮欲自同於遭喪繼位

立而用常禮欲自同於遭喪繼位者也釋例論之備也　三月公會鄭伯于垂以璧假許田　夏四月丁未公及鄭伯盟于越　公以篡立而脩好於鄭鄭目而迎之成禮于垂終易二田然後結盟垂犬丘衛地名也越近垂地名也鄭求祀周公魯聽受祊田令鄭廢大山祀知其非禮故以璧假為文時之所隱者也　秋大水　書灾也傳例曰

矣其非禮故以璧假為文時之所隱者也

秋大水書災也傳例曰凡平原出水為大水也

冬十月

傳

元年春公即位脩好于鄭鄭人請復祀周公卒易祊田事在隱八年也公許之三月鄭伯以璧假許田為周公祊故也魯不宜鄭祀周公聽又不

祊故也　魯不宜鄭祀周公聽又不宜易取祊田犯二不宜以動故隱其實不言祊稱璧假言若進璧以假許田非久易也

夏四月丁未公及鄭伯盟于越結祊　結成易二田之事也傳以盟經不書祊故獨見祊也

見賢遍反

成也

曰渝盟無享國　渝變也

秋大水凡平

渝（羊朱反）盟無享國也　秋大水凡平
原出水為大水　廣平曰原　冬鄭伯拜盟
鄭伯若自來則經不書若遣使則
當言鄭人不得稱鄭伯疑謬誤也
宋華父督見孔父之妻于路　華父督宋
戴公孫也孔父嘉
孔子六世祖也　目逆而送之曰
美而豔　美色曰豔（以贍反）

美而豔以贍反曰豔

經二年春王正月戊申宋督弑其君

與夷及其大夫孔父稱督以弑罪在督也孔父

稱名者內不能治其閨門外取怨於民身死而禍及其君也滕

子来朝無傳隱十一年稱侯今稱子者蓋時王所黜也三

月公會齊侯陳侯鄭伯于稷以成

宋乱成平也宋有弑君之乱故

宋乱成平也宋有弑君之乱故為會欲以平之也稷宋地

夏四月取郜大鼎于宋戊申納于大廟宋以鼎賂公大廟周公廟也公始欲平宋之乱終於受賂故備書之戊申五月十日也

秋七月杞侯来朝公即位而来朝也

蔡侯鄭伯會于鄧潁川邵陵縣西南有

九月入杞不稱主帥微者

公

楚也潁川召陵縣西南有鄧城

九月入杞不稱主師微者也弗地曰入

公及戎盟于唐冬公至自唐傳例曰告于廟也特會故致地也凡公行還不書至者皆不告廟也隱不書至謙不敢自同於正君書勞策勳也

傳二年春宋督攻孔氏殺孔父而取其妻公怒督懼遂弑殤公君子

傳二年春宋督攻孔氏殺孔父而取
其妻公怒督懼遂弒殤公君子以
督為有无君之心而後動於惡雖有
君若无也故先書弒其君會于稷以成
宋亂為賂故立華氏也經稱平宋亂者蓋以
魯君受賂立華氏貪縱之甚惡其
相行故遠言始與齊陳鄭為會之
本意也傳言為賂立華氏明經本

相仵故遠言始與齊陳鄭為會之
本意也傳言為賂立華氏明經本
書平宋乱為公諱諱在受賂立花
氏也猶璧假許田為周公祊故所
謂婉而成章也督未死而賜族督
之妄
也
宋殤公立十年十一戰殤公
以隱
四年立十一戰
皆在隱公世也
民不堪命孔父嘉
為司馬督為大宰故因民之不堪
命先宣言曰司馬則然言
公之數

為司馬智為大宰故因民之不堪
命先宣言曰司馬則然言公之數戰則司馬
使尒也嘉孔父字也已殺孔父而弒殤公召
莊公于鄭而立之以親鄭莊公〻子馮也
隱三年出居于鄭馮以郜大鼎賂
入宋不書不告也
郜國所造器故繫名於郜也
公濟陰成武縣東南有北郜城齊

公濟陰成武縣東南有北郜城

陳鄭皆有賂故遂相宋公息亮反注傳下同夏四月

取郜大鼎于宋戊申納于大廟非

禮也臧哀伯諫曰臧哀伯魯大夫也僖伯之子也

君人者將昭德塞違以臨照百官

猶懼或失之故昭令德以示子孫

是以清廟茅屋以茅飾屋著張慮反後不音者儉也

猶懼或失之故昭令德以示子孫

是以清廟茅屋以茅飾屋著儉也清廟肅然清靜之

祀天車稱大也 本或亢天字者非也

稱大路越席大路玉輅祀天車大也越席結草也

鑿子洛反精米也 字林糳子汲反云糲米一斛舂為八斗

大羹不致大羹肉汁不致五味也粢食不鑿黍稷曰粢不精鑿也

昭其儉也此四者皆示儉也

袞冕袞畫衣也冕冠也黻韋韠以蔽膝也珽玉笏也若今吏之

黻珽

黻
持薄　步古反　徐廣云　——手板也　經

黻珽蔽膝也珽玉笏也若今吏之
持薄帶裳幅舄帶革帶也衣下曰
也裳幅若今行縢者
舄複履也衡紞紘綖衡維持冠者也紞
履也冠之垂者也紘纓
從下而上者尊卑各有
綖冠上覆也昭其度也制度也矣
藻率鞞鞛藻率以韋為之所以藉
玉也王五采公侯三采
子男二采鞞佩刀鞶紳
削上飾鞛下飾也鞶厲游纓帶也
一名大帶厲大帶之垂者游旌旗

黼黻

削上飾鞛下飾也鞶紳帶也一名大帶厲大帶之垂者游旌旗之游也纓在馬膺前如索帬者也

昭其數也 尊卑各有數也

火龍黼黻 火畫火也龍畫龍也白與黑謂之黼形若斧黒與青謂之黻黻兩已相戾也

昭其文也 以文章明貴賤也

五色比象昭其物也 車服器械之有五色皆以比象天地四方以示器物不虛

鍚鸞和鈴昭其聲也 鍚在馬

額顏各反

象天地四方以示器物
不虛設也 錫鸞和鈴昭其聲也 錫在馬額鸞在
鑣和在衡鈴在旂
動皆有鳴聲也 三辰旂旗昭其
明也 三辰日月星也畫於
旂旗像天之明也 夫德儉
而有度登降有數 登降謂上
下尊卑也 文物
以紀之聲明以發之以臨照百官
百官於是乎戒懼而不敢易紀律

以臨照百官

百官於是乎戒懼而不敢易紀律

今滅德立違（謂立華督違命之臣也）而寘其（之豉反　置也）

賂器於大廟以明示百官百官像（象本作）

之其又何誅焉國家之敗由官邪（似嗟反）

也官之失德寵賂章［彰本］也郜鼎［鼎］在廟

也官之失德寵賂章也郜鼎在廟
焉
章孰甚焉武王克商遷九鼎于雒
邑九鼎殷所受夏九鼎也武王克
商乃營雒邑而後去之又遷九
鼎焉時但營雒邑未有都城至周
公乃卒營雒邑謂之王城即今河
南縣也故傳曰成義士猶或非之
王定鼎于郟鄏
蓋伯夷
之屬也而况將昭違乱之賂器於

之屬也而況將昭違亂之賂器於

大廟其若之何公不聽周內史聞

之曰臧孫達其有後於魯乎君違

不忘諫之以德（內史周大夫官也僖伯諫隱觀魚其

子哀伯諫桓納賂積善之家必

有餘慶故曰其有後於魯也）秋

七月杞侯來朝不敬杞侯歸乃謀

伐之

七月杞侯來朝不敬杞侯歸乃謀伐之蔡侯鄭伯會于鄧始懼楚也

楚國今南郡江陵縣北紀南城也楚武王始譖號稱王欲害中國蔡鄭姬姓近楚故懼而會謀也

九月入杞討不敬也

公及戎盟于唐脩舊好也

尋惠隱之好也

冬公至自唐告于廟也凡公行

也公至自唐告于廟也凡公行
告于宗廟反行飲至舍爵策勲焉
礼也　爵飲酒器也既飲置爵則書
勲勞於策言速紀有功也
特相會往来稱地讓事也
特相會公與一國會也會必有主二人獨會則莫肯為主兩讓會事不成故但書地也
參七南反
自參以上則往稱地来稱會成
成會

自參以上則往稱地來稱會成事也成會事也初晉穆侯之夫人姜氏以條之役生太子命之曰仇條晉地也太子文侯也意取於戰相仇怨也其弟以千畝之戰生命之曰成師桓叔也西河界休縣南有地名千畝意取能成其衆也師服曰異哉君之名

成其衆也
子也師服晉大夫也夫名以制義名之必可言也
義以出礼礼従義出也礼以體政政以礼成
也政以正民是以政成而民聽易
則生乱反易礼義則乱生也嘉耦五口反曰妃芳非反怨耦
曰仇古之命也自古有此言也今君命太

曰仇古之命也此言也今君命大

子曰仇弟曰成師始兆乱矣兄其

替乎穆侯愛少子桓叔俱取於戰以為名所附意異故師服知

桓叔之黨必盛於晉以傾宗國故曰以諷諫也惠之廿四惠魯惠公

年晉始乱故封桓叔于曲沃也晉文侯卒子昭侯元年危不自安封成師為曲沃伯也靖侯

靖侯桓叔之高祖

不自安封成師爲曲沃伯也靖侯
之孫欒賓傅之靖侯桓叔之高祖父也言得貴寵公
孫爲傅相也師服曰吾聞國家之立也
本大而末小是以能固故天子建
國立諸侯也諸侯立家卿大夫稱家卿置側
室側室衆子也得立此一官也大夫有貳宗嫡子
爲小宗
爲小宗次者爲貳士有隸子弟士

為小宗　本或作大宗誤也

覬　音冀
覦　羊朱反　字林羊住反　說文云欲也

室立此一官也大夫有貳宗子
為小宗次者為貳宗以相輔貳也士有隸子弟士卑
自以其子弟為僕隸也庶人工商各有分親
扶同反又如字　又如字七月反又如字
皆有等衰
初危反注同
庶人無復尊卑以親疎為分別也衰殺也是
扶又反　彼列反　所界反
以民服事其上而下無覬覦下不敢冀望上位也
今晉甸侯也而建國本既弱
徒練反
矣

位也今晉甸（徒練反）侯也而建國本既弱矣其能久乎（諸侯而在甸服者也）惠之三十年晉潘父弑昭侯而納桓叔不克（潘父晉大夫也昭侯文侯子也）晉人立孝侯（昭侯子也）惠之四十五年曲沃莊伯伐翼弑孝侯（莊伯桓叔子也翼晉國所都也）翼人立其弟鄂侯鄂侯生哀侯鄂侯以隱五年

者傳翼晉國所都也翼人立其弟
鄂〻侯〻生哀侯鄂侯以隱五年
奔隨其年秋王
立哀侯
于翼
哀侯侵陘庭之田陘庭翼
南鄙邑
也
陘庭南鄙啓曲沃伐翼
經三年春正月公會齊侯于嬴經之
首時
經三年正月
從此盡十七年
皆無王唯十
年有王傳以
為義或有王
必書王明此曆天王之所班也其
或廢法違常失不班曆故不書王
也嬴齊邑今

并有王傳以為義或有王字者非

或廢法違常失不班歷故不書王也鸁齊邑今泰山鸁縣也

夏齊侯衛侯胥命于蒲

申約言以相命而不歃血也蒲衛地也在陳留長垣縣西南也

六月公會杞侯于郕秋七月壬辰朔日有食之既

無傳既盡也歷家之說謂日光以望時遥奪月光故月食日月同會月奄日故日食々有上下者行有高下日光輪存而中食者相奄密故

奄日故日食有上下者行有高
下日光輪存而中食者相奄密故
日光溢出也皆既者正相奄間疏
也然聖人不言月食日而以
自食為文闕於所不見也　公子
翬如齊逆女　礼君有故則使卿逆　九月齊侯
讙
送姜氏于讙　讙魯地濟北蛇丘縣西有下讙亭已去齊
國故不言女未至於魯故不稱夫人也　公會齊侯于
讙　无　夫人姜氏至自齊　无傳告于

魯故不稱夫人也　公會齊侯于

讙　元傳　夫人姜氏至自齊　元傳告于廟也不言翬以至者齊侯送之公受之於讙也　冬齊侯使其弟

年來聘　有年　元傳五穀皆熟書有年

傳

三年春曲沃武公伐翼次于陘庭

韓萬御戎梁弘為右　武公曲沃莊伯子也韓萬

莊伯弟也御戎僕

汾隰　杜云反汾水名下濕曰隰

[illegible]弘爲右伯子也韓萬莊伯弟也御戎僕也右戎車之右也逐翼侯于汾隰汾隰汾水邊也驂絓而止驂騑馬也夜獲之及欒共叔共叔桓叔之傅欒賓之子也身傅翼侯父子各殉所奉之主故并見獲而死也會于嬴成婚于齊也公不由媒介自與齊侯會而成婚非禮也夏齊侯衛侯胥

會而成婚非礼也

命于蒲不盟也公會杞侯于郕杞求成也二年入杞故今来求成也秋公子翬如齊逆女脩先君之好故曰公子雖舉時君之命其言必稱先君以為礼辭故公子翬逆女傳稱脩先君之好公子遂逆女傳稱尊君命互舉其義也齊侯送

尊君命列舉其義也　齊侯送

姜氏于讙非礼也凡公女嫁于敵

國姊妹則上卿送之以礼於先君

公子則下卿送之於大國雖公子

亦上卿送之於天子則諸卿皆行

公不自送於小國則以上大夫送

之冬齊仲年來聘致夫人也古者

公不自送於小國則上大夫送之冬齊仲年来聘致夫人也古者女出嫁又使大夫隨加聘問存謙敬厚慇懃也在魯而出則曰致女在他國而来則摠曰聘故傳以致夫人釋之也芮伯萬之母芮姜惡芮伯之多寵人也故逐之出居于魏為明年秦侵芮張本也芮國在馮翊臨晉縣也魏國河北

出居于魏芮國在馮翊臨晉縣也

魏國河〔河東〕北縣西也

經四年春正月公狩〔手又反〕于郎冬獵曰狩行三驅之礼得田狩之時故傳曰書時礼也周之春夏〔戸雅反下之〕之冬也田狩從夏時郎非國内之狩地故書地也

夏天王使宰渠伯糾〔居黝反〕宰官渠氏伯糾名也王官之宰當以材授位而伯糾攝父之職出聘列國故書名以譏之也

來聘

宰當以材授位而伯糾攝父之職出聘列國故書名以譏之也國史之記必書年以集此公之事書首時以成此年之歳故春秋有空時而无事者今不書秋冬首月史闕文也他皆放此

傳四年春正月公狩于郎書時礼也

郎非狩地故唯時合礼也

夏周宰渠伯糾来聘

唯時合礼也夏周宰渠伯糾來聘

父在故名秋秦師侵芮敗焉小之

也秦以芮小輕之故為芮所敗也冬王師秦師圍

魏執芮伯以歸三年芮伯出居魏芮更立君秦為芮

所敗故以芮伯歸將欲納之

經五年春正月甲戌己丑陳侯鮑卒

未同盟而書名者來赴以名故也

經五年春正月甲戌己丑陳侯鮑卒
未同盟而書名者来赴以名故也
甲戌前年十二月廿一日己丑
此年正月六日也陳乱故再赴
雖日異而皆以正月赴文故但書
正月慎疑審事
故従赴兩書也
夏齊侯鄭伯如紀
外相朝皆言如齊欲滅
紀紀人懼而来告故書
天王使仍
叔之子来聘
仍叔天子之大夫也
稱仍叔之子本於父

夫之[illegible][illegible]稱仍叔之子本於父字幼弱辭也譏使童子出聘也

葬陳桓公　无傳

城祝丘　无傳齊鄭將襲紀故也

秋蔡人衛人陳人從王伐鄭　如一又才用反　王自為伐鄭之主君臣之辭也王師敗不書不以告也

大雩　傳例曰書不時也失龍見之時也

螽　无傳蚣蝑之屬也為災故書

蚣　相容反
蝑　相魚反

冬州公如曹　不書奔以朝出也為下實來書也

曹

為災故書
也為下實來書也曹
國今濟陰定陶縣也
傳五年春正月甲戌己丑陳侯鮑卒
再赴也於是陳乱文公子佗殺太
子免而代之佗桓公弟五父也稱
文也稱文公子明佗
非桓公毋弟也
免桓公太子也公疾病而乱作國

免桓公太子也

人分散故再赴夏齊侯鄭伯朝于

紀欲以襲之紀人知之王奪鄭伯

政鄭伯不朝奪不使知王政也秋王以諸

侯伐鄭鄭伯禦之王為中軍虢公

林父將右軍蔡人衛人屬焉虢公林父王卿

子近反下及注大

周公黑肩將左軍陳人屬焉

林父將右軍蔡人衛人屬焉林父

子近反下及注大丨こ

王卿士也周公黑肩將左軍陳人屬焉黑肩周桓公也鄭子元請為左拒以當蔡

俱甫反下こ

人衛人子元鄭公子也拒方陳也為右拒以當

陳人曰陳乱民莫有鬭心若先犯

直覲反下処之丨及注こ

之必奔王卒顧之必乱蔡衛不枝

尊忽反下こ

固將先

固将先奔不能相枝持也既而萃於王卒
可以集事從之萃聚也集成也曼伯為右
拒曼伯檀伯也祭仲足為左拒原繁高
渠彌以中軍奉公為魚麗之陳先
偏後伍伍承彌縫司馬法車戰廿五乘為偏以車
居前以五五次之承偏之隟而彌縫

五乘為偏以車居前以五次之承偏之隙而彌縫闕漏也五人為伍此蓋魚麗陳法也
戰于繻葛　繻葛鄭地也
命二拒曰旝　旝建大木置石其上發機以追敵
動而鼓　旝旆也通帛為之蓋今大將之麾也執以為號令者也
蔡衛陳皆奔王卒亂鄭師合以攻之王卒大敗祝聃射王中肩王
雖軍敗身傷猶殿而斥

亦能軍雖軍敗身傷猶殿而不奔故言能軍也祝聃

請從之公曰君子不欲多上人况

敢淩天子乎苟自救也社稷無隕

多矣鄭於此收兵自退也夜鄭伯使祭足勞

名仲字仲足一本作名仲字足

王且問左右祭足即祭仲之字蓋名仲字仲足也勞王

問左右言鄭志在苟免王討之

足一本作名
仲字足

[illegible][illegible][illegible][illegible]名仲字仲足也勞王

問左右言鄭志在
苟免王討之罪也

仍叔之子弱也

仍叔子來聘童子將命无速反之
心久留在魯故經書夏聘傳釋之

於末
秋也

秋大雩書不時也

十二公傳
唯此年及

襄廿六年有兩秋此蔽雩祭之例
之例欲顯天時以指事故重言秋

異於凡
事也

凡祀啓蟄而郊

言凡祀通
下三句天

地宗廟之事也啓蟄夏正

事也

凡祀啓蟄而郊

下三句天地宗廟之事也啓蟄夏正建寅之月祀天南郊也

龍見而雩

龍見建巳之月也蒼龍宿之體昏見東方萬物始盛待雨而大故祭天遠為百穀祈膏雨也

始殺而嘗

建酉之月陰氣始殺嘉穀始熟故薦嘗於宗廟也

閉蟄而烝

建亥之月昆蟲閉戶萬物皆成可薦者衆故烝祭宗廟釋例論之備也矣

過

猶繫於宗廟釋例論之備也矣
則書卜日有吉否過次節則書以譏慢也冬淳于公
如曹度待洛反其國危遂不復淳于州國所都城陽淳于縣也國有危難乃旦反不能自安故出朝而遂不還

經六年春正月寔時力反來寔實也不言州公者承上五年冬經如曹間無異事省所景反文從可知也夏四月公會紀
侯于成成魯地也在泰山

事首文從可知也
侯于成　成魯地也在泰山　秋八月
鉅平縣東南咲
壬午大閱　齊為大國以戎事徵諸
侯之戎嘉美鄭忽而忽
欲以有功為班怒而訴齊魯　蔡人
人懼之故以非時簡車馬
他立踰年不稱爵者簒位
殺陳他　未會諸侯也傳例在莊廿
二　九月丁卯子同生　桓公子莊公
年　也十二公唯
子同是適夫人之長子備用太子

年[illegible]也十二公唯
子同是適夫人之長子備用太子
之礼故史書之于策也不稱太子
者書始
生也
冬紀侯来朝
傳六年春自曹来朝書曰寔来不復
其國也
亦承上五年冬傳淳于公
如曹也言奔則来行朝礼
言朝則遂留不去故
褒文言實来也矣
楚武王侵隨
隨國今義陽[illegible]薳章楚

襃文言實來也矣　至……

隨國今義陽隨縣也　使薳章求成焉　薳章楚大夫也

軍於瑕以待之　瑕隨地也　隨人使少師

董成　少師隨大夫董正也　鬪伯比言於楚子

曰吾不得志於漢東也我則使然

鬪伯比楚大夫令尹子文之父也　我張吾三軍而

董

尹子文之父也

被吾甲兵以武臨之彼則懼而協 皮寄反下注ー甲之

以謀我故難間也漢東之國隨為

侈 昌氏反又式氏反

大隨張必棄小國 張自侈大也 小國離 張 猪亮反注之一字如ー

楚之利也少師侈請羸師以張之 羸 劣追反注及下之

羸弱也 熊率且比曰季梁在何益 熊率 率 音律 且 子余反

且比楚大夫也

也

熊(力律)率且(子余反)比曰季梁在何益率

且比楚大夫也　鬪伯比曰以為後

季梁隨賢臣也

圖少師得其君

言季梁之諫不過一見從隨侯卒當以少師為計故云以為後圖也二年蔡侯鄭伯會于鄧始懼楚ゝ子自此遂盛終於抗衡中國故

王毀

傳備言其事以終始之也

抗(苦浪反)

軍而納少師

從伯比之謀也

少師歸請追

楚師隨侯將許之信楚

鬬伯比少師之謀也少師歸請追

楚師隨侯將許之信楚弱也季梁止之

曰天方授楚楚之羸其誘我也君

何急焉臣聞小之能敵大也小道

大淫所謂道忠於民而信於神也

上思利民忠也祝史正辭信也正辭

今民餒而君逞欲祝史矯舉

上思利民忠也祝史正辭
不虛稱君美也今民餧而君逞欲逞快也祝
史矯舉以祭臣不知其可也詐稱功德
以欺鬼神也公曰吾牲牷肥腯粢盛豐
備何則不信牲牛羊豕也牷純色完全也腯亦肥也黍
稷曰粢在器曰盛對曰夫民神之主也言鬼
神之情依

腯
瘯七木反本又作族
蠡力果反說文作瘰云瘯瘦皮肥也

器曰盛　夫民神之主也　鬼神之精依民而行也　是以聖王先成民而後
致力於神故奉牲以告曰博碩肥
腯謂民力之普存也　博廣碩大也　謂其
畜（呼又反下皆同）之碩大蕃（音煩）滋也謂其不疾瘯蠡。也謂其
備腯咸有也　雖告神以博碩肥腯其實皆當兼此四謂
也民力適皃則六畜既大而滋也

疥 古界
癬 息淺反 說文云乾瘍

其實皆當兼此四謂
也民力適皃(完)則六畜既大而滋皮
毛无疥癬兼備而无有所闕也
奉盛以告曰絜粢豐盛謂其三時
不害而民和年豐也 三時春夏秋也 奉酒
醴以告曰嘉栗旨酒 嘉善也栗謹敬也 謂
其上下皆有嘉德而無違心也所
謂馨香无讒慝也 馨香之遠聞 故務其

其上下皆有嘉德而無違心也所
謂馨香無讒慝也馨香之
遠聞也故務其
三時脩其五教父義母慈兄友
弟恭子孝也親
其九族以致其禋祀禋祀絜敬也
九族謂外祖
父外祖母從母子及妻之父妻之
母姑之子姊妹之子女之子并己
之同族皆外親
有服而異族也於是乎民和而神

有服而興挽也

降之福故動則有成今民各有心

而鬼神乏主民饑餒也君雖獨豐其何

福之有君姑脩政而親兄弟之國

庶免於難隨侯懼而脩政楚不敢伐

冬會于成紀來諮謀齊難也齊欲滅紀

故来

北戎伐齊齊侯使乞師于鄭

[illegible]滅紀

故来謀之北戎伐齊齊侯使乞師于鄭鄭

太子忽帥師救齊六月大敗戎師

獲其二帥大良少良甲首三百以

獻於齊甲首被甲者首也於是諸侯之大

夫戍齊齊人饋之餼生曰餼也使魯為

饋 其媿反 遺也

餼 許旣反 牲腥曰

餼許既反牲腥
其班後鄭班次也魯親班齊饋則亦使大夫戎齊矣經不
一説蓋史闕
書蓋史闕文一本十九鄭忽以其有功也怒故有
郎之師郎師在十年公之未婚於齊也
齊也齊侯欲以文姜妻鄭太子忽
太子忽辭人問其故太子曰人各

太子忽辭人問其故太子曰人各
有耦齊大非吾耦也詩云自求多
福詩大雅文王言求福由已非由人也在我而已大
國何為君子曰善自為謀言獨絜其身謀
不及國也及其敗戎師也齊侯又請妻
之欲以他女妻之也固辭人問其故太子

妻之也

日无事於齊吾猶不敢今以君命奔齊急而受室以歸是以師昏也民其謂我何言必見怯於民也遂辭諸鄭伯假父之命以為辭也為十一年鄭忽出奔衛傳也秋大閲簡車馬也九月丁卯子同生以

接如字鄭注礼記作捷讀此者亦或捷之

太子生之礼舉之接以大牢大牢牛羊豕也以礼接夫人重嫡也卜士負之士妻食之

礼世子生三日卜士負之射人以桑弧蓬矢射天地四方卜士之妻為乳母也

公與文姜宗婦命之

世子生三月君夫人沐浴於外寢立于阼階西向世婦抱子升自西階君命之乃降蓋同宗之

世婦抱子升自西階君命之乃降
蓋同宗之婦也
公問名於申繻對曰名有
五有信有義有象有假有類申繻魯大
夫以名生為信若唐叔虞魯以德
也公子友也
命為義若文王名以類命為象若孔
昌武王名發也
子首象取於物為假若伯魚生人
尼丘也有饋之魚曰
名之曰鯉取於父為類若子同生有

周人以諱事神名終句衆家多

尼丘也取於物爲假有饋之魚曰名之曰取於父爲類若子同生有鯉也與父同者也不以國國君之子不自以本國爲名也矣不以官不以山川不以隱疾隱痛疾患也避不祥也不以畜牲畜牲六畜也不以器幣幣玉帛也周人以諱事神名終將諱之若文之名因作臣子所行然礼既卒哭以木

事神名絶句衆家多以名字屬下句

周人以諱事神名之

十三釋文意

固非臣子所斥然礼既卒哭以木

鐸徇曰舍故而諱新謂舍親盡之徇

似後人本文作

徇同

祖而諱新死者故言以諱事神也

終將諱之自父至高祖皆不敢斥

言國不可易

也故以國則廢名故廢名也以官

則廢職以山川則廢主改其山川之名也

以畜牲則廢祀名猪則廢猪名羊則廢羊以器

…名羊則廢羊之…

幣則廢禮晉以僖侯廢司徒僖侯名司徒廢為中軍也宋以武公廢司空武公名司空廢為司城也先君獻武廢二山二山具敖五羔反也魯獻公名具武公名敖更以其鄉名山也是以大物不可以命公曰是其生也與吾同物命

…物類也謂…

[illegible]之日同物類也謂同日也冬紀侯來朝請王命以求成于齊公告不能紀微弱不能自通於天子欲因公以請王命公无寵於王故告不能也

經

七年春二月己亥焚咸丘无傳焚火田也咸丘魯地也高平鉅野縣南有咸亭譏盡物故書也夏穀伯綏來朝鄧侯吾離來朝不總稱朝

南有咸亭譏盡物故書也夏穀伯

綏來朝鄧侯吾離來朝不揔稱朝者各自行

朝礼也穀國在南鄉筑陽縣北之也

傳七年春穀伯鄧侯来朝名賤之也

辟僻陋小國賤之礼不足故書名也以春来夏乃行朝礼故經書夏也

夏盟向求成于鄭既而背之盟向二邑

名也隱十一年王以與鄭人

夏盟向求成于鄭既而背之二邑名也隱十一年王以與鄭故求與鄭成也秋鄭人齊人衛人伐盟向王遷盟向之民于郟郟王城也冬曲沃伯誘晉小子侯殺之曲沃伯武公也小子侯哀侯子也

經八年春正月己卯烝之承反无傳此夏戸雅反之仲月非為過而書者爲于偽反下五月復烝

經八年春正月己卯烝（之承反）仲月非為過
而書者為（于偽反）下五月復烝天王使家
見瀆也例在五年也
父来聘无傳家父天子大夫也家氏父字夏五月
丁丑烝无傳秋伐邾无傳冬十月雨（于付反）雪
无傳今八月也書時失也祭（側界反）公来遂逆王后于
紀祭公諸侯為天子三公者也王使魯主昏故祭公来受命而逆
也天子无外故曰稱王后

紀使魯主婚故祭公来受命而逆也天子无外故曰稱王后卿不書舉重略輕也咲

傳八年春滅翼曲沃滅之也隨少師有寵楚闘伯比曰可矣讎有釁不可失也釁許覲反注之釁瑕隙也无德者寵國之釁也夏楚子合諸侯于沈鹿沈鹿楚地也黄隨不會黄國今弋陽縣弋餘職反

……鹿地也……黃隨不會……弋陽縣

也

使薳章讓黃責其不會也楚子伐隨

軍於漢淮之間季梁請下之弗許遐嫁反注同

而後戰下之服也所以怒我而怠寇

將失楚師一本无師字

也少師謂隨侯曰必速戰不然將

失楚師隨侯禦之望楚師遙見楚師也

……君楚……

師也
季梁曰楚人上左君必左君楚君也无
與王遇且攻其右右无良焉必敗
偏敗衆乃攜矣少師曰不當王非
敵也弗從不從季梁謀也戰于速杞隨師
敗績隨侯逸速杞隨地也逸逃也鬭丹獲其
戎車與其戎右少師鬭丹楚大夫

敗績隨侯逸也逸逃也鬬丹獲其

戎車與其戎右少師鬬冉楚大夫也戎車君所

乘兵車也戎右車右也寵之故以為右也秋隨及楚平

楚子將不許鬬伯比曰天去其疾趙呂反注之

矣去疾謂少師見獲而死也隨未可克也乃盟

而還冬王命虢仲立晉哀侯之弟

[illegible]

而還冬王命虢仲立晉哀侯之弟緡于晉虢仲王卿士虢公林父也祭公來遂逆王后于紀禮也天子娶於諸侯使同姓諸侯為之主祭公來受命於魯故曰禮也

經九年春紀季姜歸于京師季姜桓王后也季字姜紀姓也書字者伸父母之尊夏四月秋七月

字者伸父母之尊夏四月秋七月
冬曹伯使其世子射姑來朝曹伯有疾
故使其子來朝也

傳

九年春紀季姜歸于京師凡諸侯
之女行唯王后書爲書婦人行例也適諸侯雖告
魯猶不書也巴子使韓服告于楚請與
[鄧爲好]韓服巴行人巴國

書也
鄧為好韓服巴行人巴國楚子使
在巴郡江州縣也
道朔將巴客以聘於鄧道朔楚大
夫也巴客
韓服
鄧南鄙鄾人攻而奪之幣在鄾
也
今鄧縣南沔
殺道朔及巴行人楚
水之北也
子使薳章讓於鄧鄧人弗受言非
鄾人
所攻

……鄾人

所攻也　夏楚使鬬廉帥師及巴師圍

鄾　鬬廉楚大夫也　鄧養甥聃甥帥師救鄾

衡　如字一音橫　三逐巴師不克　二甥皆鄧大夫也　鬬廉衡

陳　直覲反注同又如字　陳其師於巴師之中以戰而北　衡橫

北　如字一音佩

也分巴師為二部鬬廉橫陳於其

間以與鄧師戰而偽北北走也

……楚師

間以與鄧師戰而僞北北走也

鄧人逐之背巴師而夾攻之（古洽反又古協反）楚師僞走鄧師逐之背（步佩反）巴師巴師攻之楚師自前還與戰鄧師大敗

鄾人宵潰（戶對反）宵夜也

秋虢仲芮伯梁伯荀侯賈伯伐曲沃梁國在馮翊夏（戶雅反）陽縣荀賈皆國名也

冬曹太子来朝賓之以上卿礼也

適（丁歷反）諸侯之適子未誓於天子而攝其

適（丁歷反）諸侯之嫡子未誓於天子而攝其君事則以皮帛繼子男故賓之以上卿各當其國之上卿也

享（許兩反）曹太子初獻樂奏而歎酒始獻也

施（色致反）父曰曹太子其有憂乎非歎所也施父魯大夫也

經十年春王正月庚申曹伯終生卒

未同盟而

經十年春王正月庚申曹伯終生卒
未同盟而赴以名也　夏五月葬曹桓公　无傳　秋
公會衛侯于桃丘弗遇　无傳衛侯與公爲會
背　立佩
期中背公更與齊鄭故公獨往而
不相遇也桃丘衛地也齊北東阿
縣東南有　冬十有二月丙午齊侯衛
桃城也
侯鄭伯來戰于郎　改侵伐而書來戰善魯之用周
班　惡　烏路反又烏路反　三國

…戰善魯之用周
班惡烏路反又烏路反三國討有辭

傳十年春曹桓公卒終施父之言也虢仲譖側鴆反其大夫詹章廉反父於王虢仲王卿士也詹父屬大夫也詹父有辭以王師伐虢夏虢公出奔虞虞國在河東大陽縣秋秦人納芮伯萬于芮四年圍魏初虞叔有玉虞求

在河東大陽縣 秋秦人納芮伯萬于芮（四年圍魏所執者也）初虞叔有玉（虞叔虞公之弟也）虞公求旃（旃之也 之然反）弗獻既而悔之曰周諺（方彥）有之匹夫無罪懷璧其罪（人利其璧以璧為罪也）吾焉（於虔反）用此其以賈（音古）害也乃獻之又求其寶劍叔曰是無厭（於鹽反下同）也無厭將及我（將殺我）

伐 …

劍叔曰是無厭也無厭將及（於塩反下同）致

我遂伐虞公故虞公出奔洪池（洪池）

也（地名　闕也）

冬齊衛鄭来戰于郎我有辭

也初北戎病齊（在六年）諸侯救之鄭

公子忽有功焉齊人餼諸侯使魯

次之魯以周班後鄭鄭人怒請師

[illegible]

於齊〻人以衛師助之故不稱侵—

伐　不稱侵伐而以戰爲文明魯直
　　諸侯曲故言我有辭以礼自釋

夾—綏而退
无賊—績也　先書齊衛王爵也　鄭主
　　　　　　　　　　　　　　兵而

序齊衛下者以王爵次之也
春秋所—以見魯猶秉周礼也

經十有一年春正月齊人衛人鄭人

十有一年春正月齊人衛人鄭人

盟于惡曹惡曹地闕夏五月癸未鄭伯

寤生卒同盟於元年赴以名也秋七月葬鄭

莊公无傳三月而葬速也九月宋人執鄭祭

仲祭氏仲名也不稱行人聽迫脅以逐君罪之也行人例在襄十

突

一年釋例詳之也突歸于鄭突厲公也為宋所納故曰歸例

在成十八年不稱公子逆告也鄭

[illegible]詳之也[illegible]故曰歸例在成十八年不稱公子從告鄭忽也文連祭仲故不言鄭也

出奔衛忽昭公也莊公既葬不稱爵者鄭人賤之以爲起也

柔會宋公陳侯蔡叔盟于折无傳柔魯大夫未賜族者也蔡叔蔡大夫叔名也折地闕（之設反又市列反）公會宋公于夫鍾无傳夫鍾郕地也冬十有二月公

[illegible]

夫鍾郕地也　冬十有二月公
會宋公于闞　闞魯地也在東平須昌縣東南
傳十一年春齊衛鄭宋盟于惡曹　宋不
書經闕也　楚屈瑕將盟貳軫　貳軫二國名也　鄖
人軍於蒲騷將與隨絞州蓼伐楚
師　鄖國在江夏雲杜縣東南有鄖城蒲騷鄖邑也絞國名也州國
在南郡華容縣東南蓼國今義陽

城蒲騷鄖邑也絞國名也州國
在南郡華容縣東南蓼國今義陽
縣棘陽縣東南湖陽城是
莫敖患之【莫敖楚官名也即屈瑕也】鬭廉曰鄖
人軍其郊必不誡且日虞四邑之
至也【虞度也四邑隨絞州蓼也邑亦國也】君次於郊
郢【以井反又以證反】
鄖以禦四邑【君謂屈瑕也郊郢楚地也】我以銳
師宵加於鄖鄖有虞心而恃其城

郊郢楚地也

師宵加於鄖〻有虞心而恃其城

（恃近其城也）莫有鬬志若敗鄖師四邑

必離莫敖曰盍請濟師於王（盍何不也）

（濟益也）對曰師克在和不在衆商周

之不敵君之所聞也（商紂也周武王也傳曰武

王有亂臣十人

王也傳曰武王有乱臣十人紂有億兆夷人也成軍以出又何
濟焉莫敖曰卜之對曰卜以決疑不疑何
卜遂敗鄖師於蒲騷卒盟而還卒盟貳軫也
鄭昭公之敗北戎也在六年也齊
人將妻之昭公辭祭仲曰必取之
君多內寵子無大援將不昌三

人將妻之昭公辭祭仲曰必取之

君多內寵子无大援將不得立三

公子皆君也子突子亹子儀之母皆有寵也弗從

夏鄭莊公卒初祭封人仲足有寵

於莊公祭鄭地也陳留長垣縣東北有祭城封人守封疆者

也曰以所守為代也莊公使為公娶鄧

守為氏也[illegible]

娶生昭公故祭仲立之曼鄧姓也宋雍

氏女於鄭莊公曰雍姞生厲公雍氏

姞姓宋大夫也以女妻人曰女也

雍氏宗有寵於

宋莊公故誘祭仲而執之祭仲之如宋非

會非聘見誘而以行人應命也

曰不立突將死亦

執厲公而求賂焉祭仲與宋人盟

以行人應命也[illegible]

執厲公而求賂焉祭仲與宋人盟
以厲公歸而立之秋九月丁亥昭
公奔衛己亥厲公立

經

十有二年春正月夏六月壬寅公
會杞侯莒子盟于曲池曲池魯地也魯國汶
陽縣北有

也魯國汶
陽縣北有曲水亭　秋七月丁亥公會宋公
燕人盟于穀丘　穀丘宋地也燕人南燕大夫也　八
月壬辰陳侯躍卒　无傳厲公也十一年與魯大夫
盟于折不書葬魯不會也壬辰七月廿三日也書於八月從赴也
公會宋公于虛　虛宋地也　冬十有一月
龜宋

公會宋公于虛（去魚反）地也冬十有一月

公會宋公于龜龜宋地也丙戌公會鄭

伯盟于武父（有ノ字者皆〻）武父鄭地也陳留濟陽縣東北有武父城

丙戌衛侯晉卒无傳重書（直用反下乙）丙戌非義例因史成文也

未同盟而赴以名也十有二月公及鄭師伐

宋丁未戰于宋既書伐宋又重書戰者以見（賢遍反）宋之无

信也莊十一年傳例曰皆陳（直覲反）曰戰

戰者以見宋之无
信也莊十一年傳例曰皆陳曰戰
尤其无信故以獨戰爲文也
傳十二年夏盟于曲池平杞莒也隱四
年莒人伐杞自是遂不平也
公欲平宋鄭秋公
及宋公盟于句瀆之丘句瀆之丘即穀丘也
宋以立厲公故多責賂於鄭鄭人不堪故不平也
宋成未

鄭〻人不堪故不平也　宋成未
可知也故又會于虛冬又會于龜
宋公辭平故與鄭伯盟于武父　宋公
貪鄭賂故與公三會
而卒辭不與鄭平也　遂帥師而伐
宋戰焉宋无信也君子曰苟信不
繼盟无益也詩曰君子屢盟乱是　力具反本又作婁字
用長　詩小雅言无信故數

用長無信也詩小雅言无信故數（力具反本又作婁音同）
盟ゝゝ則情疏而憾（戶暗反）
結故云長乱也
楚伐絞軍其南門莫敖屈
瑕曰絞小而輕ゝゝ則寡謀請无扞（遣政反）（戶旦反）
采樵者以誘之扞衛也
樵薪也従之絞人（樵在遙反）
獲卅人獲楚
人也明日絞人爭出驅

□十人人也明日絞人爭出驅

楚役徒於山中楚人坐其北門而

覆（扶又反注之）諸山下（坐猶守也覆設伏兵而待也）大敗之

為城下之盟而還（城下盟諸侯所深恥者也）伐

絞之役楚師分涉於彭（彭水在新城昌魏縣）

羅人欲伐之使伯嘉諜（徒協反）之三巡數（色主反）

之羅熊姓國在宜城縣西山中後

羅人欲伐之使伯嘉諜之三巡數
之羅熊姓國在宜城縣西山中後
徙南郡枝江縣伯嘉羅大夫也
諜伺巡
徧也

經十有三年春二月公會紀侯鄭伯
己巳及齊侯宋公衛侯燕人戰齊
師宋師衛師燕師敗績大崩曰敗績例在莊十一年或
稱人或稱師史異辭也衛宣公未

在莊十一年或
稱人或稱師史異辭也衛宣公未
葬惠公稱侯以接鄰國非礼也
三月葬衛宣公 傳元 夏大水 傳元 秋七
月冬十月
傳十三年春楚屈瑕伐羅鬪伯比送
之還謂其御曰莫敖必敗舉趾高

之還謂其御曰莫敖必敗舉趾高
心不固矣趾足也遂見楚子曰必濟子計反
難乃旦反
師難言屈瑕將敗故以益師諷方鳳反本又作風諫也楚子辭焉不解戶買反
其指故辭之也入告夫人鄧曼鄧曼曰大夫其
非眾之謂鄧曼楚武王夫人也言伯比意不在於益眾也
其謂君撫小民以信訓諸司以德

忕時世反又時設反

正義曰夫謂伯比

其謂君撫小民以信訓諸司以德
而威莫敖以刑也莫敖狃於蒲騷
之役將自用也狃忕也蒲騷役在十一年必小
羅君若不鎮撫其不設備乎夫固
謂君訓衆而好呼報反又如字鎮撫之撫小民以信也召
諸司而勸之以令德訓諸司以德也見莫

諸司而勸之以令德以德也見莫

敖而告諸天之不假易也 諸之也言天不

借子夜反　貸他代反

借貸慢易之人也威莫敖以刑也 不然夫豈不知

楚師之盡行也楚子使賴人追之

不及 賴國在義陽隨縣賴人仕於楚者也 莫敖使徇

于師曰諫者有刑 徇宣令也 及鄢亂次

以濟 鄢水在襄陽宜

乱次以濟 本或作乱次以濟其水

聞諫者不能令也及鄢亂次
以濟其水鄢水在襄陽宜城縣入漢也遂無次
以且不設備及羅羅與盧戎兩軍
之盧戎南蠻也大敗之莫敖縊于荒谷
群帥囚于冶父縊自經也荒谷冶父皆楚地也以
聽刑楚子曰孤之罪也皆免之宋

多責賂於鄭立突賂也鄭不堪故以紀

魯及齊與宋衛燕戰不書所戰後

也公後地期而及其戰故不書所戰之地也鄭人來請

脩好〔呼報反〕

經十有四年春正月公會鄭伯于曹

脩十二年武父之好〔呼報反〕无傳

經十有四年春正月公會鄭伯于曹

脩十二年武父之好也以曹地曹與會也無冰无傳書時失也

夏五不書月闕文也鄭伯使其弟語來盟

秋八月壬申御廩災御廩公所親耕以奉粢盛之倉也天火曰災例在宣十六年乙亥嘗先其時亦過也

既戒日致齊御廩雖災苟不害嘉穀則祭不應廢故書以示法也

穀則粢不應廢故書以示法也

冬十有二月丁巳齊侯祿父卒无傳

隱六年盟于艾

宋人以齊人蔡人衛人陳人伐鄭

凡師能左右之曰以例在僖廿六年

傳

十四年春會于曹〻人致餼礼也

熟曰饔生曰餼

夏鄭子人來尋盟且脩曹

子人即弟語也

[illegible]

之會　子人即弟語也其後為子ー人ー氏　秋八月壬申

御廩災乙亥嘗書不害也　災其屋救之則息不及穀故日書不害也　冬宋人以諸侯伐鄭

報宋之戰也在十二年　焚渠門入及大ー

逵　渠門鄭城門也逵道方九ー軌也　伐東郊取牛首

東郊鄭郊也　[illegible]

逵道方九軌也

東郊鄭郊也

牛首鄭邑也以大宮之椽歸爲盧

門之椽大宮鄭祖廟也盧門宋城門也告伐而不告入取故

不書之

經十有五年春二月天王使家父來

求車三月乙未天王崩无傳桓王也

王也
四月己巳葬齊僖公无傳五月鄭伯
突出奔蔡突既篡立權不足以自
固又不能倚任祭仲反
與小臣造賊盜之計故以自奔
為文罪之也例在昭三年也
鄭世子忽復歸于鄭忽實居君位故
今還以復其位
之例為文也稱世子者忽為太子
有母氏之寵宗卿之援有功於諸
侯此太子之盛者也而守介節以

有母氏之寵宗卿之援有功於諸
侯此太子之盛者也而守介節以
失大國之助知三公子之强不從
祭仲之言脩小善潔小行從匹夫
之仁忘社稷大計故君子謂之善
自為謀言不能謀國也父卒而不
能自君鄭人亦不君之出則降名
以赴入則逆以太子之礼始於見
遂終於見殺三公子更立乱鄭國
者實忽之由也復歸
歸例在成十八年也 許叔入于許
許叔莊公弟也隱十一年鄭使許

歸例在成十八年也許叔入于許

許叔莊公弟也隱十一年鄭使許

大夫奉許叔居許東偏鄭莊公既

卒乃入居位許人嘉之以字告也

叔本不去國雖稱入非國逆例也

公會齊侯于艾邾人牟人葛人來

朝

无傳三人皆附庸之世子也其

君應稱名故其子降稱人也牟

國今在泰山牟縣也葛國

在梁國寧陵縣東北也秋九月

鄭伯突入于櫟櫟鄭別都也今河

在梁國寧陵縣東北也矣

鄭伯突入于櫟　櫟鄭別都也今河南陽翟縣未得國直書入无義例也

冬十有一月公會宋公衛侯陳侯于衺伐鄭　衺宋地也在沛國相縣西南先行會禮而後伐也

傳十五年春天王使家父來求車非

禮也諸侯不貢車服上之所

傳十五年春天王使家父來求車非

禮也諸侯不貢車服車服上之所以賜下也

天子不私求財諸侯有常職貢也祭仲專

鄭伯患之使其壻雍糺殺之將享

諸郊雍姬知之謂其母曰父與夫

孰親其母曰人盡夫也父一而已

[illegible]

親其母曰人盡夫也父一而已胡可比也婦人在室則天父出則天夫女以爲疑故母以所生爲本解之也遂告祭仲曰雍氏舍其室而將享子於郊吾惑之以告祭仲殺雍糾尸諸周氏之汪汪池也周氏鄭大夫也殺而暴其尸以示戮也公載以出愍其見尸故載

其尸以示衆也　尸故載其尸共出國也曰謀及婦人宜其死也夏

厲公出奔蔡六月乙亥昭公入許叔

入于許公會齊侯于艾謀定許也

秋鄭伯因櫟人殺檀伯而遂居櫟檀伯鄭守櫟大夫也

冬會于袲謀伐鄭納厲

櫟大夫也冬會于袲謀伐鄭將納厲
公也弗克而還
經十有六年春正月公會宋公蔡侯
衛侯于曹夏四月公會宋公衛侯
陳侯蔡侯伐鄭春既謀之今書會者魯諱議納不正
也蔡常在衛上今叙陳下蓋後至也秋七月公至自

叙陳下蓋後至也秋七月公至自
伐鄭用飲至之礼故書也冬城向傳曰書時也而
下有十一月舊説曰謂傳誤此城
向亦俱是十一月但本事異各隨
本而書之耳經書夏叔弓如滕五
月葬滕成公傳云五月叔弓如滕
即知但稱時者未必與下月異也
又推校此年閏在六月則月却而
節前水星可在十一月而正也詩
云定之方中作為楚宮此未正中
也功役之事皆總指天家不與言

云定(丁佞反)之方中作爲楚宮此未正中
也功役之事皆總指天象不與言
歷數同也故傳之釋經皆通言一
時不月　十有一月衛侯朔出奔齊
別之也(二字或无)
惠公也朔讒構取國故不
言二公子逐罪也之

傳

十六年春正月會于曹謀伐鄭也
前年冬謀納厲公
不克故復(扶又反)更謀也　夏伐鄭秋七月

不克故復更請也

公至自伐鄭以飲至之礼也冬城

向書時也初衛宣公烝於夷姜生

急子夷姜宣公之庶母屬諸右公

也上淫曰烝也

子為之娶於齊而美公取之生壽

及朔屬壽於左公子左右媵之子

曰以為號也

曰以為辯也
宣姜夷姜縊失寵而自縊死也宣姜與公
子朔構急子宣姜宣公所取急子之妻也構會其過惡
也公使諸齊使盜待諸莘將殺之
莘衛地也陽平縣西北有莘亭也壽子告之使行行去
也不可曰棄父之命惡用子矣惡安
也

不可曰棄父之命惡用子矣

也

有无父之國則可也及行飲以（於鴆反　之一本作下）

酒壽子載其旌以先盜殺之急子

至曰我之求也此何罪請殺我乎

又殺之二公子故怨惠公十一月

左公子洩（息列反）右公子職立公子黔（其廉反又音琴）牟

左公子洩（息列反）右公子職立公子（其廉反又方琴今）
黔牟羣惠公奔齊
公子也

經十有七年春正月丙辰公會齊侯
紀侯盟于黄　黄齊地也　二月丙午公會
邾儀父盟于趡（翠軌反）　趡魯地也稱字義
與蔑盟同二月無
丙午三月四日　夏五月丙午
也日月必有誤也
奚魯地也皆

也日月必有誤也　夏五月丙午

及齊師戰于奚　奚魯地也皆陳曰戰也　六月

丁丑蔡侯封人卒　十一年大夫盟于折也　秋

八月蔡季自陳歸于蔡　季蔡侯弟也言歸為陳所納也

癸巳葬蔡桓侯　无傳稱侯蓋謬誤也三月而葬速也

及宋人衛人伐邾冬十月朔

甲乙者歷之紀也晦朔

速也　及宋人衛人伐邾冬十月朔
日有食之甲乙者歷之紀也晦朔
者日月之會也日食不
可以不存晦之朔之須甲乙而可
推故日食必以書以朔日為例也
傳十七年春盟于黃平齊紀且謀衛
故也　齊欲滅紀衛逐其君也　及邾儀父盟于
趡尋蔑之盟也　蔑盟在隱元年　夏及齊師
爭疆

尋蔑之盟也　隱元年[illegible]
戰于奚彊事也　爭彊界也於是齊人侵
魯彊吏來告公曰彊場之事慎守　居良反注及下皆同
其一而備其不虞　虞度也待洛反下同不度猶不意也　姑
盡所備焉事至而戰又何謁焉　齊背音佩下同
盟而來公以信待　蔡桓侯卒蔡人
故不書侵伐也
桓侯无子故召季而

故不書伐也

召蔡季于陳　桓侯无子故召季而立之也季内得國人

之望外有諸侯之助故書字　秋蔡

以善得衆稱歸以明外納也

季自陳歸于蔡〻人嘉之也　嘉之故以

字告　伐邾宋志也　邾宋爭疆魯從

也　宋志背趡之盟

也　冬十月朔日有蝕之不書日官

冬十月朔日有食之不書日官

共之也天子有日官諸侯有日御日官日御典暦數者也日官居卿以底日礼也日官天子掌暦者也不在六卿之數而位從卿故言居卿也底平也謂平暦數也日御不失日以授百官于朝日官平暦以班諸侯諸侯奉之不共天時以授百官也

不共天時以授百官也

初鄭伯將以高渠彌為卿昭公惡

之固諫不聽昭公立懼其殺己也

辛卯弒昭公而立公子亹

公子亹昭公弟

也

君子謂昭公知所惡矣公子達

公子達魯大夫也

曰高伯為其戮乎復惡

復重也本為昭公所惡

烏路反下及注所惡皆

直用反下之

杜文及注之一方服則非注意

曰大夫也高伯其爲戮乎復惡
已甚矣復重也本爲昭公所惡而復殺君重爲惡之也
杜文及注之一方脈則非注意

三
經十有八年春王正月公會齊侯于
濼濼水在濟南歷城縣西北入濟也公及夫人姜
盧篤反　濼又力角反　一音洛訛　文匠沃反
氏遂如齊公本與夫人俱行至濼公與齊侯行會礼故先
書會濼既會而相隨至齊故曰遂也夏四月丙子公

隨至齊故曰遂也

薨于齊不言戕諱之也戕例在宣十八年也丁酉公之喪至自齊无傳也古曆也丁酉五月一日也有日而无月也秋七月冬十有二月己丑葬我君桓公无傳九月乃葬緩慢之也

傳十八年春公將有行遂與姜氏如齊始議行

傳十八年春公將有行遂與姜氏如齊始議行事也申繻曰女有家男有室無相瀆（徒木反）也謂之有禮易此必敗女安夫之家夫安妻之室違此則為瀆今公將姜氏如齊故知其當致禍乱也

公會齊侯于濼遂及文姜如齊齊侯通焉公謫（直革反又音責又丁革反）之謫譴（遣戰反）也以告夫人

告齊……齊侯爲（于偽反）……

齊〻侯通焉公謫之以告
告齊侯也
夏四月丙子享公
齊侯為公設享燕之禮也
使公子彭生乘公〻薨于車
上車曰乘彭生多力拉公幹而殺之也
魯人告于齊曰寡君畏君之威不敢寧居來脩舊好禮成而不反無所歸咎惡於諸

侯請以彭生除之除恥辱之惡也齊人殺

彭生不書非卿也秋齊侯師于首止陳師

首止討鄭弑君首止衞地陳留襄邑縣東南有首鄉也子亹

會之高渠彌相不知齊欲討己也七月戊

戌齊人殺子亹而轘高渠彌車裂曰轘

齊人殺子亹而轘高渠彌曰轘
祭仲逆鄭子于陳而立之鄭子昭公弟子
儀也是行也祭仲知之故稱疾不往
人曰祭仲以智免仲曰信也時人譏祭
仲失忠臣之節仲以子亹為渠彌
所立本既不正又不能固位安民
宜其見除故卽而然譏
者之言以明本意也周公欲弑
莊王桓王太子

者之言以明太子意也 申志反

莊王而立王子克莊王桓王太子王子克莊王弟子儀也辛伯吉王遂與王殺周公黑

肩王子克奔燕辛伯周大夫也初子儀有

寵於桓王〻〻屬諸周公辛伯諫

曰並后妾如后也匹嫡庶如嫡也兩政臣擅命也

耦國都如[illegible]

…后也 … 女嬖也 … 命也

耦國 都如國也 亂之本也 周公弗從故

及難 乃旦反 也

三

春秋卷第二

大十四云

…

大外史

弘長元年四月晦日以家秘説
奉授越州使君了
前参河守清原在判

大外史臣
受説之大外長兄大儒相傳畢
仍為傳子孫書點此本於也

仍巻借己孫書畢此本校
寫者雖借他人功於朱墨點
者手躬加之了于時建長三年
二月三日
参州前刺史　在判

文永五年八月二日以九代之
秘説授申越後二郎尊閤
了
朝請大夫清原（花押）

文永五年九月五日以音博士

文永五年九月五日以音博士

本一授畢

本奥云

正元二年正月十二日以家説

授肥後殿以別稿畢 于時助教

本之二一本所授文人也

直講

在判

かくて相之醉醒肝之下一覽畢
一時盃水丁亥俾秋下旬日
畢

直講

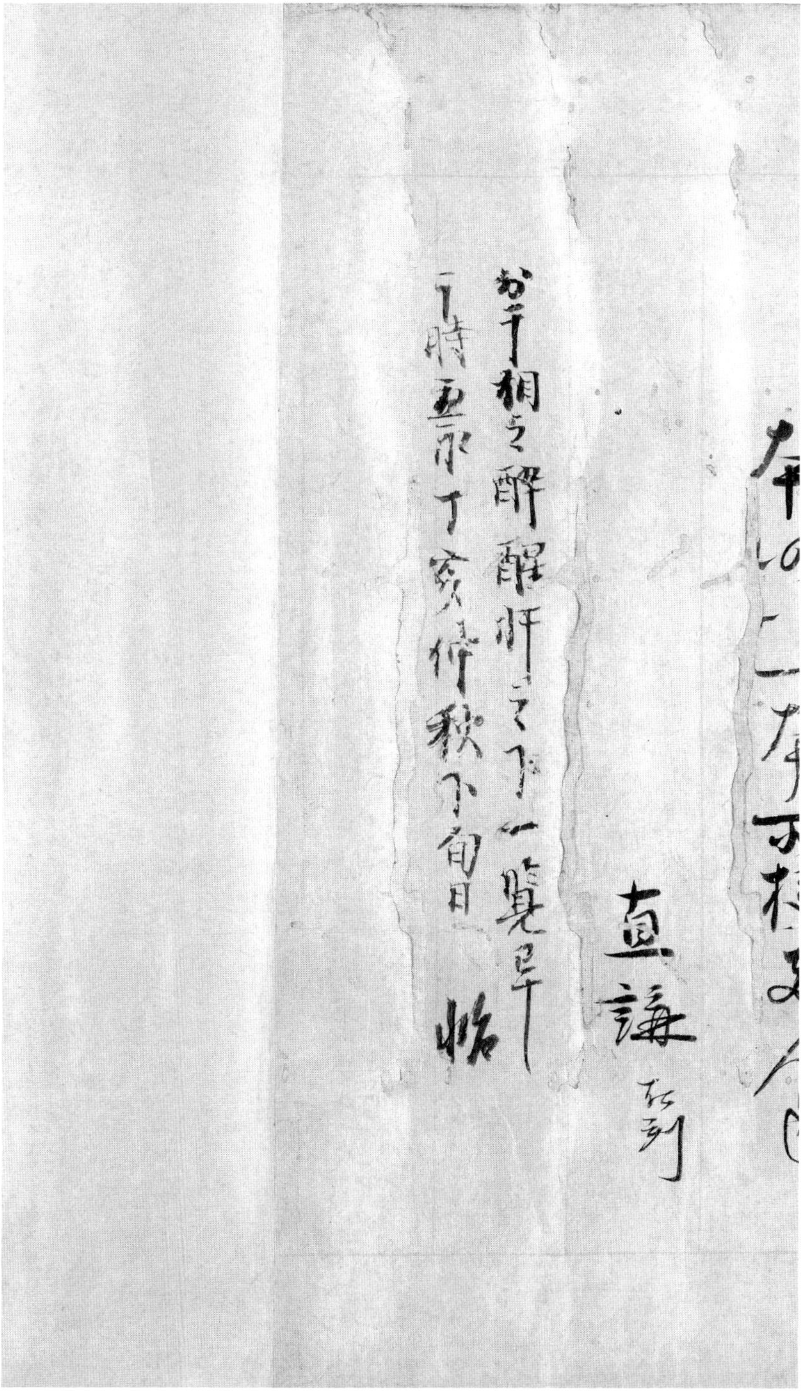

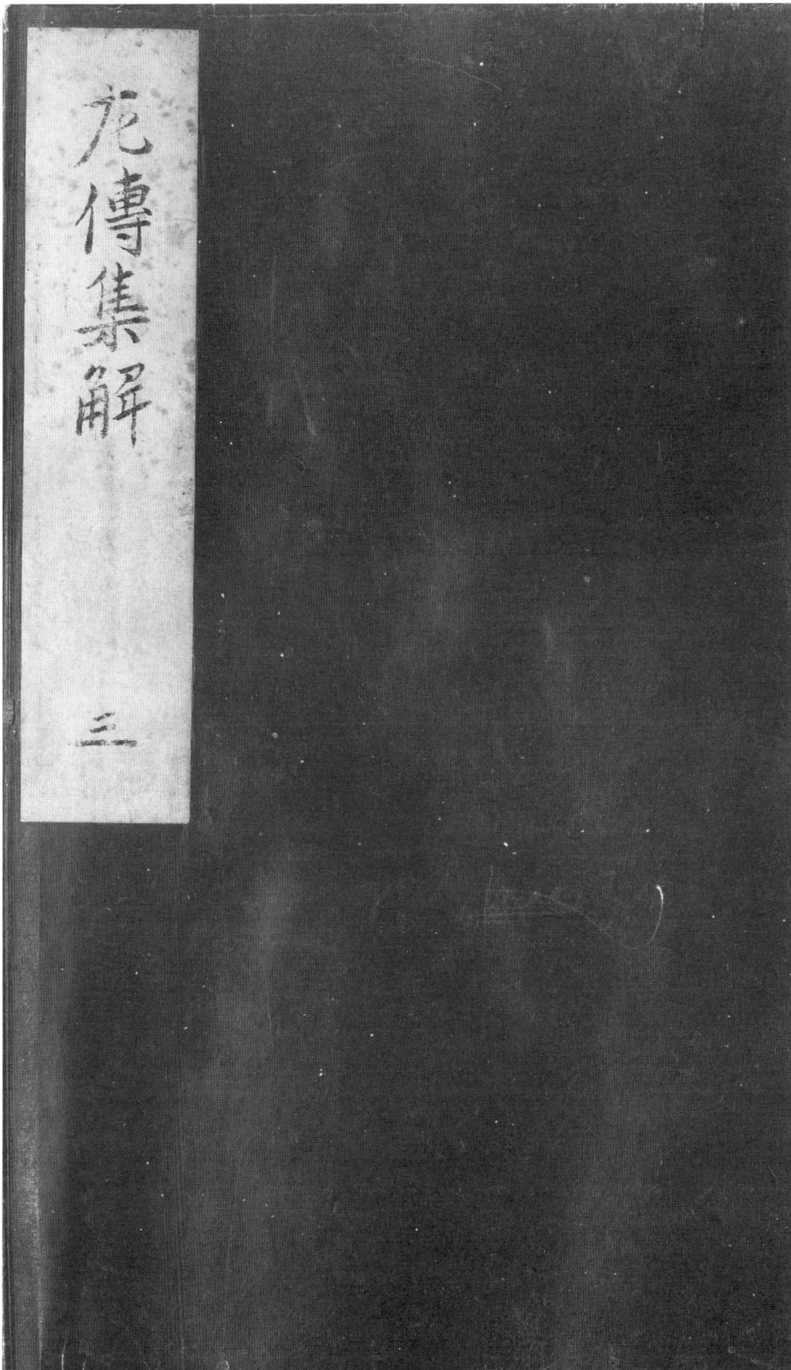
左傳集解
三

陸曰莊公名同桓公子母文姜
謚法勝敵克亂曰莊

春秋經傳集解莊公第三　杜氏　盡卅二年

陸曰莊公名同桓公子母文姜
謚法勝敵克乱曰莊

春秋經傳集解莊公第三　杜氏　盡卅二年

正八
經元年春王正月三月夫人遜于齊
夫人莊公母也魯人責之故出奔内諱奔而謂之遜遜猶遜讓而讓去也
夏單伯送王姫
无傳單伯天子卿也單菜地也伯爵也王將嫁女於齊既命魯為主故單伯送女不稱使也王姫不稱

故單伯送女不稱使也王姬不稱
字以王為尊且別於之内女天子
嫁女於諸侯使同姓諸侯主之不
自親婚尊卑不敵也
秋築王姬之館于外
公在諒闇慮齊侯當親迎不忍便以禮
接於廟又不敢逆王命故攺築舍
於外
冬十月乙亥陳侯林卒
无傳未同盟而赴以名也
王使榮叔來錫桓公命
無傳榮叔
周大夫也榮氏叔字也錫賜也追

名也

昭七年傳云王使成簡公如衛弔且追命襄公

周大夫也榮氏叔字也錫賜也追命桓公褒稱其德若昭七年王追命衛襄公之比也

王姬歸于齊也

無傳不書逆公不與接

齊師遷紀郱鄑郚

無傳齊欲滅紀故徙其三邑之民而取其地也郱在東莞臨朐縣東南郚在朱虛縣東南北海都昌縣西有訾城也

西有管城也

傳元年春不稱即位文姜出故也文
姜與桓公俱行而桓爲齊所殺不
敢還也莊公父弑母出故不忍行
即位之礼也據文姜未還故傳稱
文姜出也文姜於是感公意而還
不告
廟也三月夫人遜于齊不稱姜氏
絕不爲親禮也姜氏齊姓也於文
姜之義宜與齊絕
而後奔齊故於其奔

絶不爲親也姜之義宜與齊絶而後奔齊故於其奔去姜氏以示義也

秋築王姬之館于外爲外禮也齊彊魯弱又委罪於敵主魯不能讎齊然喪制未闋故異其禮得禮之變也

經二年春王二月葬陳莊公无傳魯行往會之故書例在昭六年也

夏公子慶父帥師伐於余丘无傳於餘丘國名也莊公

昭六年也

於餘丘 无傳於餘丘國名也莊公時年十五則慶父莊公之庶兄也

秋七月齊王姫卒 无傳魯爲之主故比之內女也

冬十有二月夫人姜氏會齊侯于禚 夫人行不以礼故還皆不書不吉廟也禚齊地之也

乙酉宋公馮卒 無傳再與桓同盟也

傳二年冬夫人姜氏會齊侯于禚

……桓同盟也

傳二年冬夫人姜氏會齊侯于禚書姦也

文姜前與公俱如齊後懼而出奔至此始與齊好會〻非夫人之事顯然書之傳曰書姦〻在夫人也文姜比年出會其義皆同也

經三年春王正月溺會齊師伐衛

溺魯大夫也疾其專命……

經三年春王正月溺會齊師伐衛魯大夫也疾其專命而行故去氏也夏四月葬宋莊公傳無五月葬桓王秋紀季以酅入于齊季紀侯弟也酅紀邑在齊國東安平縣齊欲滅紀故季以邑入齊為附庸先祀不廢社稷有奉故書字貴之也冬公次于滑滑鄭地在陳留襄邑縣西北傳例曰凡師過信為次兵未有所加所次則書之既書兵

[illegible][illegible]滑北傳例曰凡師過信為次

兵未有所加所次則書之既書兵

所加則不書其所次以事為宜非

虛次

也

傳

三年春溺會齊師伐衛疾之也傳重明上例也

夏五月葬桓王緩也以桓十五年三月崩七年乃葬故曰緩也

秋紀季以酅入于齊

[illegible]分也言分為[illegible]

犇故曰緩也紀季以酅入于齊

紀於是乎始判分也言分為附庸始於此也冬

公次于滑將會鄭伯謀紀故也鄭

伯辭以難厲公在櫟故也凡師出一宿為

舍再宿為信過信為次為經書次例也舍宿

不書輕也言凡師通君臣也

凡師通者[illegible]也

隱二年經云九月紀裂繻來逆女傳云卿爲君逆也

經四年春王二月夫人姜氏享齊侯于祝丘無傳享食也兩君相見之礼也非夫人所用直書以見其失也祝丘魯地也

三月紀伯姬卒無傳隱二年裂繻所逆者也內女唯諸侯夫人卒葬皆書恩成於敵體也

夏齊侯陳侯鄭伯遇于垂無傳也之

紀侯大去其國以國與季〻奉社稷

竟 竟本文作境

夏齊侯陳侯鄭伯遇于垂 也之紀

侯大去其國 以國與季〻奉社稷故不言滅不見迫逐故不言奔大去者不返之辭

六月乙丑齊侯葬紀伯姬 無傳紀季入酅為齊附庸而紀侯大去其國齊侯嘉礼初附以崇厚義故攝伯姬之喪而以紀國夫人之礼葬之也

秋七月冬公及齊人狩于禚 無傳公越境與齊微者俱狩

月冬公及齊人狩于禚境與齊微者倶狩失礼可知也

傳四年春王三月楚武王荊尸授師孑焉以伐隨尸陳也荊亦楚也更為楚陳兵之法也楊雄方言孑者戟然則楚始於此參用戟為陳也將齊入告夫人鄧曼曰余心蕩將授兵於廟故齊也蕩動

夫人鄧曼曰余心蕩 故齊也蕩動散也

鄧曼嘆曰王祿盡矣盈而蕩天

之道也先君其知之矣故臨武事

將發大命而蕩王心焉 楚為小國僻陋在夷至此武王始起其衆僭號稱王陳兵授師志意盈滿臨齊而散故鄧曼以天地鬼神為徵應之符也

若師徒無虧王薨

王薨於行不

虧希獄應之荷也若師徒無虧

於行国之福也　王薨於行不死於敵也　王遂

樠　郎蕩反　又莫昊反　又武元反

行卒於樠木之下　樠木〻名也　令尹鬬

溠　高貴鄉公側嫁反　水名　林壯加反

祁莫敖屈重除道梁溠營軍臨隨

〻人懼行成　時秘王喪故為奇兵更闢開直道溠水在

義陽厥縣西東南入鄖水梁橋也

隨人不意其至故懼而行成也

隨人不意其至故懼而行成也
莫敖以王命入盟隨侯且請爲會
於漢汭而還汭内也謂漢西也濟漢而
後發喪紀侯不能下齊以国與紀
季不能降屈事齊盡以國與季明季不叛也夏紀侯大
去其国違齊難也違避也

其子臣遠辟難也 乃旦反 也

郳 五兮反國名 後爲小邾

經五年春王正月夫人姜氏如齊師 無傳 書姦

秋郳犁来来朝 犁 力兮反 附庸國也 東海昌慮縣東北有郳城 犁来名也

冬公會齊人宋人陳人蔡人伐衛

傳五年秋郳犁来来朝書名未王命也

未受爵命爲諸侯也 傳發附庸

傳五年秋郳犂來來朝書名未王命也未受爵命為諸侯傳發附庸稱名例也其後數從齊桓以尊周室王命以為小邾子也冬伐衛納惠公也惠公朔也桓十六年出奔齊也

經六年春王正月王人子突救衛王人王之微官也雖官卑而見授以大事故稱人而又稱字也夏六[illegible]朔為諸侯所納

以大事故稱人而文稱字也夏六

月衛侯朔入于衛朔為諸侯所納不稱歸而以國

逆為文朔懼共衆心以国逆

成十八年經 夫宋魚石 復入于彭城

告也歸入例在成十八年也秋公

至自伐衛無傳告于廟也螟無傳為灾冬齊人

来歸衛俘公羊穀梁經傳皆言衛寶此傳亦言寶唯此經

言俘疑經誤

也俘因也

傳六年春王人救衛夏衛侯入放

也　俘囚〔似由反〕也

傳六年春王人救衛夏衛侯入放公子黔牟于周放甯〔乃呈反〕跪〔其毀反〕于秦殺左公子洩右公子職甯跪衛大夫也宥之以遠曰放也乃即位君子以二公子之立黔牟為不度〔侍洛反下同〕矣夫能固位者必度於本

為不度矣夫能固位者必度於本
待洛反下同
末而後立衷焉不知其本不謀知
本之不枝弗強本末終始也衷節適也譬之樹木本
披 普靡反又普彼反
弱者其枝必披非人力所能強成也詩曰本枝百世
詩大雅言文王本枝俱茂蕃滋百世也
蕃 或本作藩
冬齊人來歸
衛寶文姜請之也公親與齊共伐衛事畢而還文
姜淫於齊侯故求其所獲珍寶

衛寶文姜請之也　衛事畢而還文

姜淫於齊侯故求其所獲珎寶楚

使以歸魯欲悅魯以謝慙也

文王伐申過鄧〻祁侯曰吾甥也

祁謚也姊妹

之子曰甥也

止而享之騅甥聃甥

養甥請殺楚子

皆鄧甥仕

於舅氏者

鄧侯弗許

許三甥曰亡鄧國者必此人也若

若齧腹齊喩

謂三甥曰亡鄧國者必此人也若

不早圖後君噬齊若嚙腹齊喩其不可及也其

及圖之乎圖之此為時矣鄧侯曰

人將不食吾餘言自害其甥必為人所賤也對

曰若不從三臣抑社稷實不血食

而君焉取餘言君無複餘也弗從還年楚

伐申還

而君焉取食餕餘也弗從還年楚

子伐鄧伐申還之年也十六年楚復伐鄧

滅之魯莊公十六年也楚終彊盛為經書楚事張本也

經七年春夫人姜氏會齊侯于防魯地也

夏四月辛卯夜恒星不見恒常也謂常見之星也辛卯四月五日也月光尚微蓋時无雲日光不以昏没

如而也夜半乃有

隕

光尚微蓋時無雲日光不以昏沒

夜中星隕如雨 如而也夜半乃有雲星落而且雨其數多也皆記異也日光不匿恒星不見而且雨云夜中者以水漏知之也

秋大水 無傳之也

無麥苗 今五月周之秋也平地出水漂殺熟麥及五稼之苗也

冬夫人姜氏會齊侯于穀 無傳穀齊地也今濟北穀城縣也

濟北穀城縣也

傳七年春文姜會齊侯于防齊志也文姜數與齊侯會至齊地則姦發夫人至魯地則齊侯之志故傳略舉二端以言之也

夏恒星不見夜明也星隕如雨與雨偕也偕俱秋無麥苗不害嘉穀也黍稷尚可更種故曰不害嘉穀也

号害嘉也　曰不害嘉穀也

經八年春王正月師次于郎以俟陳人蔡人　無傳期共伐郕陳蔡不至故駐師於郎以待之也

甲午治兵　治兵於廟習號令將以圍郕也

夏師及齊師圍郕郕降于齊師　二国同討而齊獨納郕也

秋師還　時史善公克已復礼全軍而還故特書師還也

也稱覆軍而還故特書師還也

冬十有一月癸未齊無知弑其君諸兒　稱臣弑之罪也

傳

八年春治兵于廟禮也夏師及齊師圍郕郕降于齊師仲慶父請伐齊師　齊不與魯共其功故欲伐也　公曰不可我

齊師功故欲伐也公曰不可我
實不德齊師何罪〻我之由夏書
曰皐陶邁種德夏書逸書也稱皐陶能勉種德邁勉
也德乃降姑務脩德以待時乎言苟
有德乃為人所降服也姑且也秋師還君子是以
善魯莊公傳言經所以即用舊史之文也齊侯使

善魯莊公用舊史之文也齊侯使
連稱管至父戍葵丘連稱管至父皆齊大夫也
戍守也葵丘齊地也臨
菑縣西有地名葵丘也苽時而往
曰及苽而代朞戍公問不至請代
代弗許故謀作亂僖公之母弟曰
夷仲年生公孫無知有寵於僖公

夷仲年生公孫無知有寵於僖公
衣服禮秩如嫡子也襄公黜之二
人因之以作亂二人連稱管至父也連稱有
從妹在公宮無寵使間公伺公之間隙也
曰捷吾以女為夫人捷克也宣無知之言也
冬十二月齊侯遊于姑棼遂田于
姑棼貝丘皆齊地也田獵也

貝丘姑棼貝丘皆齊地也田獵也樂安博昌縣南有地名貝丘也
見豕大從者曰公子彭生也公見大豕而從者見彭生皆妖鬼也
公怒曰彭生敢見射之豕人立而啼公懼隊于車傷足喪屨
反誅屨於徒人費弗得

屨

喪屨反誅屨於徒人費弗得
鞭之見血走出遇賊于門劫而束
之費曰我奚禦哉袒而示之背信
之費請先入詐欺助賊伏公而出鬬死
于門中石之紛如死于階下石之紛如
齊小臣也亦鬬死也遂入殺孟陽于牀孟陽亦小
臣也代公

亦鬪死也遂入殺孟陽于牀亦小
臣也代公居牀也曰非君也不類見公之
足于戶下遂弒之而立無知經書十一
月癸未長歷推之十一月六日也傳云十二月傳誤也初襄公
立無常政令無常鮑叔牙曰君使民慢
乱將作矣奉公子小白出奔莒鮑叔
牙小伯傅也小白

亂將作矣奉公子小白出奔莒牙小伯傅也小伯僖公庶子也乱作管夷吾召忽奉公子糾來奔管夷吾召忽皆子糾傅也子糾小白庶兄也來者不書皆非卿也為九年公伐齊納子糾小白入于齊傳也初公孫無知虐于雍廩雍廩齊大夫也為殺無知傳也

知傳也

經九年春齊人殺無知無知殺君而立未列於會故不書爵傳例在成十六年公及齊大夫盟于蔇齊乱無君故大夫得敵於公蓋欲迎子糺也来者非一人故不稱名蔇魯地也瑯琊繒縣北有蔇亭也夏公伐齊納子糺齊小白入于齊二公子各有黨故雖盟而迎子糺當須伐乃入又出在小白

子糾庶小白入于齊黨故雖盟而逆子糾當須伐乃得入又出在小白之後也小白稱入從國逆之文本無位也

秋七月丁酉葬齊襄公無傳九月乃葬亂故

八月庚申及齊師戰于乾時我師敗績小白既定而公猶不退師歷時而戰〻遂大敗不稱公戰公敗諱之也乾時齊地也時水在樂安界岐流旱則竭涸故曰乾

九月齊人取子糾殺之公

也時水在樂安界歧流旱則竭涸
故曰乾
時也
九月齊人取子糾殺之
公
子
爲賊亂則書齊實告殺而書齊取
殺者時史惡齊志在譎詐以求管
仲非不忍其親
故極言之也
冬浚洙
無傳洙水
在魯城北
下合泗浚深
之爲齊備也

傳
九年春雍廩殺無知公及齊大夫

傳九年春雍廩殺無知公及齊大夫
盟于蔇齊無君也夏公伐齊納子
糾桓公自莒先入 桓公小伯 秋師及齊
師戰于乾時我師敗績公喪戎路
傳乘而歸 戎路兵車也傳乘他車 秦子梁子
以公旗辟于下道 二子公御及戎右也以誤齊師
也

[illegible]左右也以誤齊師
也
是以皆止獲鮑叔牙師師來言
曰子糾親也請君討之鮑叔乘勝而進軍志
在生得管仲故託不忍之辭也
管仲讎也請受而
甘心焉管仲射桓公也故曰讎也甘心言欲快意戮殺之也
乃殺子糾于生竇生竇魯地也
召忽死
之管仲請囚鮑叔受之及堂[illegible]

……地也

税　本又作說　同土活反

之管仲請囚鮑叔牙受之及堂阜而税之堂阜齊地東莞蒙縣西北有夷吾亭或曰鮑叔解夷吾縛於此因以爲名也歸而以告曰管夷吾治於高傒高傒齊卿高敬仲也言管仲治理政事之才多於敬仲也使相可也公從之

直吏反　符卧反　息亮反

十一年經云莊五月戊寅公敗宋師于
𨛫傳云凡師敵未陳曰敗某師
廿九年傳云其郊人也
侵許凡師有鐘鼓曰伐

經十年春王正月公敗齊師于長勺

齊人雖成列魯以權譎稽之列成而不得用故以未陳為文也例在十一年長勺魯地也

二月公侵宋無傳侵例在廿九年

三月宋人遷宿無傳宋旗遷之取其地也故文異於邢遷也

夏六月齊師宋師次于郎不言侵伐齊為兵主背蒍

公敗宋師于

也[illegible]言

侵伐齊為兵主背蔑之盟義與長勺同也公敗宋師于

乘(繩證反)丘乘丘魯地也秋九月荊敗蔡師于

莘(所巾反)荊楚本號也後改為楚〻辟陋在夷於此始通上國然告命之

辭猶未合典礼故不稱將(子匠反率又作帥同所類反)帥莘蔡地以蔡侯獻舞歸

獻舞蔡季冬十月齊師滅譚(徒南反)〻国在齊南平陵縣

西南傳曰譚无礼也此直釋所以

蔡季[illegible]南平陵縣
西南傳曰譚无礼也此直釋所以
見滅經无義例也他皆放此滅例

文十五年傳云凡勝國曰滅之云々

在文十五年也譚子奔莒不言出奔國滅无所出也

傳十年春齊師伐我不書侵伐齊背蔑之盟我有辭也

公將戰曹劌請見曹劌魯人其鄉人

曰宍食者謀之又何間焉宍食在位者

閒猶[illegible]

曰肉食者謀之又何間焉　在位者
間猶與也　劌曰肉食者鄙未能遠謀乃
入見問何以戰公曰衣食所安弗
敢專也必以分人對曰小惠未徧
民弗從也　分公衣食所惠不過左右故曰未徧也　公
曰犧牲玉帛弗敢加也必以信　祝辭
不敢以小為大對曰小信未孚

曰犧牲玉帛弗敢加也必以信諱
不敢以小為大以惡為美也對曰小信未孚神
弗福也孚大信也公曰小大之獄雖不
能察必以情必盡已情也察審也對曰忠之
屬也上思利民忠也可以一戰戰則請從
公與之乘共乘兵車也戰于長勺公將
鼓之劌曰未可齊人三鼓劌曰可

共乘兵車也戰于長勺公將
鼓之劌曰未可齊人三鼓劌曰可
矣齊師敗績公將馳之劌曰未可
下視其轍視車迹也登軾而望之曰可
矣遂逐齊師既克公問其故對曰
夫戰勇氣也一鼓作氣再而衰三
而竭彼竭我盈故克之夫大國難

偃

夫戰勇氣也一鼓作氣再而衰三
而竭彼竭我盈故克之夫大國難
測也懼有伏焉恐詐奔也吾視其轍乱
望其旗靡故逐之旗靡轍乱怖遽夏六月
齊師宋師次于郎公子偃曰宋師
不整可敗也公子偃魯大夫宋敗齊必還

不整可敗也　魯大夫　宋敗齊必還
請擊之公弗許自雩門竊出蒙皐
比而先犯之　雩門魯南城門也皐比虎皮也　公從
之大敗宋師于乘丘齊師乃還蔡
哀侯娶于陳息侯亦娶焉息嬀將
歸過蔡〻侯曰吾姨　妻之姉妹曰姨　止而
不礼

歸過蔡〻侯曰吾女妹曰姨也止而
見之弗賓不礼敬也息侯聞之怒使謂
楚文王曰伐我吾求救於蔡而伐
之楚子從之秋九月楚敗蔡師于
莘以蔡侯獻舞歸蔡侯之出也過
譚〻不禮焉及其入也諸侯皆賀

[illegible]

譚又不至 以九年入 冬齊師滅譚ゝ無

礼故也譚子奔莒同盟故也 傳言譚不能及遠所以亡也

經十有一年春王正月 無傳 此注無傳二字不可讀歟 夏五月戊

寅公敗宋師于鄑 子斯反 鄑魯地 傳例曰 敵未陳曰敗某

[illegible]

公敗宋師于鄑　敵未陳曰敗某師也

秋宋大水　公使弔之故書也　冬王姬歸

于齊　魯主婚也不書齊侯逆不見公也

傳十一年夏宋為乘丘之役故侵我

公禦之宋師未陳而薄之敗諸鄑

凡師敵未陳曰敗某師　通謂設權譎變詐以

勝敵彼我不得成列成列而不

……譎變詐以勝敵彼我不得成列成列而不得用故以未陳獨敗爲文也

皆陳曰戰　堅而有倫各得其所成敗決於志力者也

大崩曰敗績　師徒橈敗若沮岸崩山喪其功績故曰敗績也

得儁曰克　謂若大叔段之比才力足以服衆威權足以自固進又不成爲外寇彊敵退復狡壯有二君之難而實非二君尅而勝之則不言彼敗績……

舊曰沮訓壞也

沮　在呂反壞也一云子餘反岸崩謂

喪　息浪反

橈　乃孝反一云乃巧反

儁　子俊反本或作俊

比　必利反

復　扶又反

狡　交卯反

壯　側亮反

難　乃旦反

尅　克本作

拄有二君之難而實非二君尅而勝之則不言彼敗績但書所尅之名也

覆而敗之曰取某師覆謂威力兼備若羅網所掩覆一軍皆見禽制故以取為文也

京師敗曰王師敗績于某王者無敵於天〻下〻非所得與戰者然春秋之世據有其事〻列於經則不得不因申其義也有時而敗則以自敗為文明天下莫之得挍也

本或作京師敗績者非

挍音教

挾子叛

以自敗爲文明天下莫之得校也

秋宋大水公使弔焉曰天作淫雨

害於粢盛若之何不弔不爲天所愍弔也

對曰孤實不敬天降之災又以爲

君憂拜命之辱謝辱厚命也臧文仲曰

宋其興乎臧文仲魯大夫禹湯罪己其興

宋其興乎魯大夫禹湯罪己其興
也勃焉勃盛桀紂罪人其亡也忽
補忽反下同貌也
焉忽速且列國有凶稱孤禮也列
貌也國
諸侯无凶則言懼而名禮其庶乎
常稱寡人也
言懼罪己也名礼稱孤
也其庶幾於興也既而聞之曰
御魚呂反本或作禦下禦
公子禦說之辭也宋莊
公子臧孫達曰
是宜為君有恤民之心

靳 居覲反 云恥而惡之

是宜為君有恤民之心冬齊侯來

逆恭姬齊桓公也乘丘之役在十年也公以

金僕姑射南宮長萬金僕姑矢名也南宮長萬

宋大夫也公右歂孫生搏之搏取也不書獲萬時

未為卿也宋人請之宋公靳之戲而相愧曰靳

曾聽其

乾

鄉也宋人請之宋公靳之愧曰靳
魯聽其得還也
曰始吾敬子今子魯囚也
吾弗敬子矣病之
萬不以為戲而以為已病也為
宋萬弑君傳也

經
十有二年春王三月紀叔姬歸于酅
無傳紀侯去国而死叔姬歸魯紀季自定於齊而後歸之全守節義以終婦道故繫之紀而以初

紀季自定於酅而後歸之全守節義以終婦道故繫之紀而以初嫁爲文賢之也來歸不書非歸寧且非大歸也之

夏四月秋八月甲午宋萬弑其君捷及其大夫仇牧捷閔公也不書葬亂故也萬及仇牧皆宋卿也仇牧稱名不警而遇賊無善事可褒也

冬十月宋萬出奔陳奔例在宣十年

宣十年經云齊崔氏出奔衛

傳十二年秋宋萬弑閔公于蒙澤

晉有宋
奔衛

冬十月宋萬出奔陳　宣十年

傳十二年秋宋萬弑閔公于蒙澤　蒙澤
宋地也梁國有蒙縣　遇仇牧于門批而殺之　並迷反又蒲了反字林云擊也又迷又芳二反
手批也　遇大宰督于東宮之西又殺
殺督不書宋不以告也　立子游　子游宋羣公
子奔蕭公子御說奔亳　蕭宋邑也今沛國蕭　御　歩各反
縣也　亳宋邑蒙縣

今沛国蕭
縣也亳宋邑蒙縣西北有亳城也南宮牛猛獲帥
師圍亳牛長萬之子也猛獲其黨也冬十月蕭
叔大心叔蕭大夫名也及戴武宣穆莊之
族宋五公之子孫以曹師伐之殺南宮牛
于師殺子游于宋立桓公桓公御說猛

南宮萬奔陳本或作長萬長衍字也下放此

獲奔衞南宮萬奔陳以乘車輦其

母一日而至乘車非兵車也駕人曰輦宋去陳二百六

十里言萬多力也宋人請猛獲于衞衞人欲

勿予石祁子曰不可石祁子衞大夫天下

之惡一也惡於宋而保於我保

之何補得一夫而失一國與惡而

之惡一也惡於宋而保於我保
之何補得一夫而失一国與惡而
棄好非謀也　宋衛本同好国　衛人歸之亦
請南宮萬于陳以賂陳人使婦人
飲之酒而以犀革裹之比及宋手　陳宋相去二百六十里
足皆見宋人皆醢之　醢完醬也并醢猛獲故言
皆

[illegible]宋人皆醢之臨猛獲故言皆也

經十有三年春齊侯宋人陳人蔡人邾人會于北杏北杏齊地夏六月齊人滅遂遂國在齊北蛇丘縣東北也秋七月冬公會齊侯盟于柯此柯今濟北東阿齊之阿邑也猶祝阿今爲

會齊侯盟于柯（古河反）齊之阿邑也猶祝柯今為祝阿也

傳十三年春會于北杏以平宋乱宋有弑君之乱齊桓欲循霸業也遂人不至夏齊人滅遂而戍之戍守也冬盟于柯始及齊平也始與齊桓通好（呼報反）宋人背北杏之會（文佩十四年經注）

經十有四年春齊人陳人曹人伐宋

文十五年經云晉郤缺帥師伐蔡戊申入蔡傳云獲大城焉曰入之

…平…七桓通好呼報反…亠佩十四年經注ノ…

經

十有四年春齊人陳人曹人伐宋背北杏會故也

夏單伯會伐宋既伐宋單伯乃至故曰會伐宋也單伯周大夫也

秋七月荊入蔡入例在文十五年

冬單伯會齊侯宋公衛侯鄭伯于鄄衛地也今東郡鄄城也齊桓脩霸業終平宋乱宋人服從欲歸功天子故

亠絹一亠眞或云旃又舉然反或作甄

獲大城焉日入之

館仲之頭領也齊桓稱霸業終乎宋

乱宋人服從欲歸功天子故

赴以單伯會諸侯為文也

傳十四年春諸侯伐宋齊人請師于

周

齊欲崇天子故請師假王命以

示大順也經書人傳言諸侯者

總衆国之辞也

夏單伯會之取成于宋而

還鄭厲公自櫟侵鄭

厲公以桓十五年入櫟遂

五年入櫟遂

居及大陵獲傳瑕大陵鄭地也傳瑕鄭大夫傳

也

瑕曰苟舍我吾請納君與之盟而

赦之六月甲子傳瑕殺鄭子及其

二子而納厲公鄭子莊四年稱伯會諸侯今見殺不

稱君無謚者微弱臣子不以君礼成喪告諸侯也初内虵

正曰古者由猶二字義得通用

妖

以君礼成喪告諸侯也　初内虵
與外虵鬪於鄭南門之中内虵死
六年而厲公入公聞之問於申繻
曰猶有妖乎對曰人之所忌其氣

燄

炎以取之妖由人興也　尚書洛誥
無若火始
燄之未盛而進退之時人無釁焉
也以諭人心不堅正也
妖不自作人棄常則妖興故有妖

也以喻人心不堅正也人無釁焉
妖不自作人棄常則妖興故有妖
厲公入遂殺傅瑕使謂原繁曰傳
瑕貳言有二心於已也　周有常刑既伏其
罪矣納我而無二心者吾皆許之
上大夫之事吾願與伯父圖之上大
夫卿也伯父謂原繁且寡人出伯

祏　方石藏主石函也

上大夫之事吾願與伯父圖之　大

夫御也伯父謂原繁也數原繁有二心也　且寡人出伯父無裏言　無納我之言也　入又不念寡人　不親附已也　寡人憾焉對曰先君桓公命我先人典司宗祏　桓公鄭始受封君也宗祏宗廟中藏主石室也言已世為宗廟守臣也　社稷有主

已世為宗廟守臣也　社稷有主
而外其心其何貳如之苟主社稷
国内之民其誰不為臣〻無二心
天之制也子儀在位十四年矣子儀
鄭子也　而謀召君者庸非貳乎庸用也
莊公之子猶有八人若皆以官爵
傳唯見四人子忽子亹子儀並死獨厲公在八人名字記傳

莊公之子猶有八人（傳唯見四子忽子亹子儀並死獨厲公在八人名字記傳无聞）若皆以官爵
行賂勸貳而可以濟事君其若之
何臣聞命矣乃縊而死蔡哀侯為
莘故繩息嬀以語楚子（莘役在十年繩譽也）
楚子如息以食入享遂滅息（偽設享食之具）
以息嬀歸生堵敖及成王焉（堵敖五羔反杜云楚人謂未成君為敖史記作杜敖）
未

之貝[illegible] 敖丁古反 五羔反 五羔反杜云楚人謂未成君爲— 史記作杜—

未言未與王言也楚子問之對曰吾一

婦人而事二夫縱弗能死其又奚

言楚子以蔡侯滅息遂伐蔡欲以說息悅

嬀也秋七月楚子入蔡君子曰商書

所謂惡之易也如火之燎于原不

[illegible]鄉邇其猶可撲滅者其如[illegible]

所謂惡之易也以豉反注同如火之燎力呂反又力召反于原不
可鄉鄉邇許亮反其猶可撲普卜反滅者其如蔡
哀侯乎 商書般庚言惡易長丁丈反而難滅也冬會于鄄
宋服故也

般步丹反本又作盤

經十有五年春齊侯宋公陳侯衛侯
鄭伯會于鄄夏夫人姜氏如齊 無傳
夫人文姜齊桓公姉妹也父母在

鄭伯會于鄄夏夫人姜氏如齊
夫人文姜齊桓公姊妹也父母在則歸寧沒則使卿寧也秋
宋人齊人邾人伐郳宋主兵故序齊上也鄭
人侵宋冬十月

傳

十五年春復會焉齊始霸也始為諸侯長也
秋諸侯為宋伐郳附庸屬宋而叛故齊桓
為之

也[illegible]而救故齊桓

為之伐郳鄭人間之而侵宋

經十有六年春王正月夏宋人齊人衛人伐鄭宋主兵也班序上下以國大小為次征伐以主兵為先春秋之常也他皆放此秋荊伐鄭冬十有二月會齊侯宋公陳侯衛侯鄭伯許男滑伯滕子同盟于幽書會魯

二月會齊侯宋公陳侯衛侯鄭伯
許男滑伯滕子同盟于幽書會魯
會之也不書其人微者也言同盟服異也
陳國小每盟會皆在衛下齊桓始
霸楚亦始𢆯陳使界於二大國之
間而為三恪之客故齊桓因而進
之遂班在衛上終於春秋也滑國
都費河南緱氏縣也幽宋地
邾子克卒無傳克儀父名也稱子
者蓋齊桓請王命以為
諸侯也爾

者蓋魯桓請王命以為諸侯也再同盟也

傳

十六年夏諸侯伐鄭為宋故也鄭侵宋故

鄭伯自櫟入在十四年緩告于楚秋

楚伐鄭及櫟為不禮故也鄭伯治

與於雍糾之亂者在桓十五年也九月殺

公子閼刖強鉏二子祭仲黨也

五年也

公子閼

案春秋隱十一年鄭有公孫閼距此三十五年不容復有公子閼者非閼字誤則子當孫寫

公子閼。刖強鉏。二子祭仲黨也。斷足曰刖也。公父定叔出奔衛。共叔段之孫也。定謚也。三年而復之。曰。不可使共叔無後於鄭。使以十月入。曰。良月也。就盈數焉。數滿於十。君子謂強鉏不能衛其足。言其

於十君子謂強鉏不能衛其足其
不能早避害也冬同盟于幽鄭成也王使
虢公命曲沃伯以一軍為晉侯曲沃
武公遂并晉國僖王因就命初晉
為晉侯也小国故一軍也
武公伐夷執夷詭諸夷詭諸周大夫也夷采地
名也蔿国請而免之蔿国周大夫也既而弗
詭諸不報

也蔿国請而免之大夫也既而弗
報詭諸不報施於蔿国也故子国作乱謂晉
人與我伐夷而取其地使晉取夷地也遂
以晉師伐夷殺夷詭諸周公忌父
出奔虢周公忌父王卿士也避子国之難也惠王立
而復之魯桓十五年經書桓王崩魯莊三年經書葬桓王自
此以來周有莊王又有僖王崩卒

魯莊三年經書葬桓王自此以來周有莊王又有僖王崩葬皆不見於經傳王室微弱不能復扶又反自通於諸侯故傳因周公忌父之事而見惠王〻〻立〻為在此年之末也

經

十有七年春齊人執鄭詹

詹音霸又如字一本又作霸齊桓始伯鄭既伐宋又不朝齊詹為鄭執政大臣詣齊見執不稱行人罪之也行人例在襄十一年諸執大夫皆

詹

襄十一年經

詐齊見執不稱行人罪之也行人

襄十一年經云楚人執鄭行人良霄

例在襄十一年諸執大夫皆稱人以執之大夫賤故也

夏齊人殲于遂

殲盡也齊人戍遂翫而无備遂人討而盡殺之故時史曰以自盡為文也

秋鄭詹自齊逃來

无傳詹不能伏節守死以解國患而遁逃苟免書逃以賤也

冬多麋

无傳麋多則害五稼故以灾書也

廢〈〻非反〉祿故以實書也

傳十七年春齊人執鄭詹鄭不朝也

夏遂因氏頜氏工婁氏須遂氏饗〈太平文作享〉齊戍〈烏納反又書答反〉〈力侵反〉醉而殺之齊人殲焉

饗酒食也四族遂之彊家也齊戍遂戍之在十三年

經十有八年春王三月日有蝕〈食本作〉之無傳

〈才本云朔與二字不書日官失之云〻如此可讀也〉

不書朔與

經十有八年春王三月日有食之傳

十本云朔與二字不書日官失之〻〻如此可讀也

不書朔與日官失也

夏公追戎于濟西戎来侵魯公逐之於濟水之西

短弧大文作蜥　同丁管反弧又作弧音胡也

秋有蜮蜮音或　コノ本又作蜮音或本草謂之射工

蜮短狐也盖以含沙射人為灾

冬十月

傳十八年春虢公晉侯朝王王饗醴音礼命之宥音又

王之覲羣后始則行饗礼先置醴酒示不忘古飲宴則命之以幣物宥助也所以助歡

先置醴酒示不忘古飲宴
則命之以幣物宥助也所
以助驩敬之意言備設　皆賜玉
五瑴馬三疋非礼也　雙玉為瑴　王命諸
侯名位不同礼亦異數不以礼假
人　侯而與公同賜是借人礼也　虢公晉侯鄭伯
使原莊公逆王后于陳陳嬀歸于
虢晉朝王鄭伯又以齊執

使原莊公逆王后于陳〻媯歸于
京師虢晉朝王鄭伯又以齊執其卿故求王爲援皆在周唱議
爲王定婚陳人敬從得同姓宗国之礼故傳詳其事不書不告也實
惠后陳媯後號惠后寵愛少子乱周室事在僖廿四年故傳於
此並顕其后稱謚也
夏公追戎于濟西不言
其來諱之也戎来侵魯〻人不知去乃追之故諱不言
其来

蜮

以叛 絶句 本或作畔俗字也

那處 那文作聃同多反下昌呂反又昌慮反

其來諱之也 去乃追之故諱不言其來也

秋有蜮為災也初楚武王克

權使鬬緡尹之 權國名也南郡當陽縣東南有權城

鬬緡楚大夫也 以叛圍而殺之 緡以權叛 遷權

於那處 那處楚地也南郡編縣東南有那處城也 使閻

敖尹之 閻敖楚大夫也 及文王即位與巴

驚也

又昌慮反

者大夫也

人伐申而驚其師　驚師也　巴人叛楚

而伐那處取之遂門于楚　攻楚城門　閻

敖游涌而逸　涌水在南郡華容縣　閻敖既不能守城又

游涌水而走　楚子殺之其族為乱冬巴

人因之以伐楚

經十有九年春王正月

人臣之以[illegible][illegible]

經十有九年春王正月夏四月秋公子結媵陳人之婦于鄄遂及齊侯宋公盟

以證及俺證文

無傳公子結魯大夫也公羊穀梁皆以爲魯女媵陳侯之婦其稱陳人之婦未入國略言也大夫出境有可以安社稷利國家者則專之可也結在鄄聞齊宋有會權事之宜去其本職遂與二君爲盟故備書之也下非魯之意

有會權事之宜去其本職遂与二
君爲盟故備書之也本非魯公意
而又失媵陳之好故冬各来伐之
也
夫人姜氏如莒
無傳非父母國而往書姦
冬齊人宋人陳人伐我西鄙
無傳幽之盟魯使微者會鄄之盟又媵臣行所以受敵也鄙邊邑
傳十九年春楚子禦之大敗於津
禦巴人爲巴所敗也津楚地或曰江陵

傳十九年春楚子禦之大敗於津巴
人為巴所敗也津楚地或曰江陵縣有津鄉也還鬻拳弗
納遂伐黃鬻拳楚大閽也黃嬴姓國今弋陽縣敗黃
師于䃮陵䃮陵黃地還及湫有疾南郡鄀縣
東南有湫城也夏六月庚申卒鬻拳葬諸
夕室夕室地名亦自殺也而葬於絰皇
絰皇冢前闕生

夕室地名亦自殺也而葬於絰皇

絰皇冢前闕也生守門故死不失職

初鬻拳強諫楚田結反

子楚子弗從臨之以兵懼而從之

鬻拳曰吾懼君以兵罪莫大焉已下八字某本无

不討敢不自討乎遂自刖也楚人

以為大閽閽守門人也謂之大伯若今城門校尉官也使

使其子孫

以為大閽謂之大伯 [illegible]校尉官也 使其後掌之 使其子孫常主此官 君子曰鬻拳可謂愛君矣諫以自納於刑刑猶不忘納君於善 言愛君明非臣法也楚臣能盡其忠愛所以興 初王姚嬖于莊王生子頹 王姚莊王之妾也姚姓也 子頹有寵蔿國為之師 [illegible]周惠王[illegible]

也姚姓也

及惠王即位周惠王莊王孫取蔿國之圃

以為囿圃園也囿苑也邊伯之宮近於王

宮王取之邊伯周大夫也王奪子禽祝跪

與詹父田三子周大夫也而收膳夫之秩

膳夫石速秩祿故蔿國邊伯石速詹父子

速秩祿故蔿國邊伯石速詹父子
禽祝跪作乱因蘇氏蘇氏周大夫也桓王奪十
二邑以与鄭自此以来遂不和也秋五大夫奉子
頹以伐王石速士也故不在五大夫數也不克出
奔温温蘇氏邑蘇子奉子頹以奔衛
師燕師伐周燕南燕也冬立子頹

經廿年春王二月夫人姜氏如莒無傳

夏齊大災無傳來告以大故書天火曰災例在宣十六年

宣十六年傳云凡火人火之也天火曰災

秋七月冬齊人伐戎無傳

傳廿年春鄭伯和王室不克克能也執燕仲父燕仲父南燕伯也為伐周故也夏鄭伯遂以

伐之也焉伐周故也　夏鄭伯遂以
王歸王處於櫟秋王及鄭伯入于
鄔　鄔王所取鄭邑　遂入成周取其寶器而
還冬王子頹享五大夫樂及徧舞
皆舞六代之樂　鄭伯聞之見虢叔　虢公字也
曰寡人聞之哀樂失時殃咎必至

今王子頹歌舞不倦樂禍也夫司
寇行戮司寇刑官君為之不舉去盛饌而
去起呂反
況敢樂禍乎姧王之位禍孰大焉
臨禍忘憂〻必及之盡納王乎虢胡獲反
公曰寡人之願也

公曰寘人之觴也

經廿有一年春王正月夏五月辛酉鄭伯寤卒（十六年与魯大夫盟于幽）秋七月戊戌夫人姜氏薨（無傳薨寢祔姑赴于諸侯故具小君礼而書也）冬十有二月葬鄭厲公（無傳八月乃葬緩慢）

緩惕

傳

廿一年春胥命于弭夏同伐王城

鄭虢相命也弭鄭地

鄭伯將王自圉門入虢

叔自北門入殺王子頹及五大夫

鄭伯享王于闕西辟樂備

闕象魏也樂備六代之樂也

王予之武公之略自虎牢

略界也鄭武公傅平〻王〻

ナラヘリ　ナラヘリ　与訓共用之

之樂也王与之武公之略自虎牢
以東略界也鄭武公傅平王々賜之自虎牢以東後失其地
故恵王今湧與之虎原伯曰鄭伯
牢河南成皐縣也
傚尤其亦將有咎原伯原莊公也
言傚子頹樂備
樂也五月鄭厲公卒王巡狩虢巡狩於虢
國也天子省四方謂之巡狩也虢公為王宮于玤
之虢……酒泉……

鞶　步干反又蒲官反　紲帶也

方謂之巡狩也虢公爲王宮于玤（蒲項反）
虢地也
王與之酒泉　酒泉周邑　鄭伯之享
王也王以后之鞶（步丹反）鑑（工暫反　鏡也）与之　后王后也鞶帶
而以鏡為飾也今西方
羌胡猶然古之遺服也　虢公請器
王予之爵　爵飲酒器　鄭伯由是始惡於
王　為傳廿四年鄭執王使（所吏反）張本也　冬王歸自虢　傳言
王之

三執王使（所吏反）張本也[illegible]三[illegible][illegible]言
王之徧也
經廿有二年春王正月肆大眚（所景反）無傳赦有
罪也易稱赦過宥罪書稱眚災肆赦
傳稱肆眚皆放赦罪人蕩（音蕩本亦作盪）
蕩（音蕩本又作盪）
滌（大歷反）衆惡故以新其心也有時
而用之非制所常故書也　癸丑
葬我小君文姜無傳反哭成喪故稱小君　陳人
殺其公子禦寇宣公太子也陳人

在裏

葬我小君文姜喪故稱小君陳人
殺其公子禦寇宣公太子也陳人
惡其殺太子之名
故不稱君又以
国討公子告也夏五月秋七月丙
申及齊高傒盟于防無傳高傒齊
之貴卿而與
魯之微者盟齊桓謙
接諸侯以崇霸業也冬公如齊納
幣無傳公不使卿而親納幣非礼
也母喪未再朞而圖婚二傳不
見所譏左氏又无

尚也母喪未再朞而圖婚二傳不見所譏左氏又无傳失礼明故也

傳

傳廿二年春陳人殺其太子禦寇傳稱太子以實言也陳公子皃與顓孫奔齊公子皃顓孫皆禦寇之黨也顓孫自齊来奔不書非卿也齊侯使敬仲為卿敬仲陳公子皃辭曰

羈寄

[illegible]公子[illegible]
羇旅之臣羇寄旅客幸若獲宥及於寬
政宥赦赦其不閑於教訓而免於罪
戾弛於負擔弛去君之惠也所獲
多矣敢辱高位以速官謗擔丁暫反離也力智反敢不敢也請
以死告以死自擔檐詩云翹翹車乘招我
以弓豈不欲往畏我友朋逸詩也

以弓豈不欲往畏我友朋逸詩也翹々遠
皃也古者聘士以弓言雖貪使為
顯命懼為朋友所譏責也
工正掌百工之官也飲桓公酒樂齊桓賢之故就
其家會擾主人之辭公曰以火繼之
故言飲桓公酒也
之辭曰臣卜其晝未卜其夜不敢

之辭曰臣卜其晝未卜其夜不敢

君子曰酒以成礼弗繼以淫義也

夜飲為淫樂也以君成礼弗納於淫仁也

初懿氏卜妻敬仲懿氏陳大夫也龜曰卜也其

妻占之曰吉懿氏妻也是謂鳳皇于飛

和鳴鏘鏘雄曰鳳雌曰皇雄雌俱飛相和而鳴鏘鏘然也

猶敬仲夫妻相随

和鳴鏘ゝ　飛相和而鳴鏘ゝ然也
猶敬仲夫妻相隨適齊有聲譽也　有嬀之後將育
于姜　嬀陳姓也姜齊姓也　五世其昌並于正
卿八世之後莫之與京　京大也　陳厲
公蔡出也　姊妹之子曰出　故蔡人殺五父
而立之　五父陳佗也殺陳佗在桓六年也　生敬仲
其少也周史有以周易見陳侯

他在桓六年也

其少也周史有以周易見陳侯者

周大史也陳侯使筮之蓍曰莖也遇觀䷓坤下

巽上觀也之否䷋坤下乾上否觀六四變而為否也曰

是謂觀國之光利用賓于王此周易觀

卦六四爻辭也易之為書六爻皆有

變象又有互體聖人隨其義而論

之

變象又有互體聖人隨其義而論之也此其代陳有國乎不在此其在異國乎非此其身在其子孫光遠而自他有燿者也坤土也巽風也乾天也風為天於土上山也巽變為乾故曰風為天自二至四有艮象艮為山也有山之材而照之以天光於是乎居土上

四・有艮象艮爲山也有山之材而
而照之以天光於是乎居土上　山則
材之所生上有乾下有坤
故言居土上照之以天光也故曰觀
國之光利用賓于王
四爲諸侯變
而之乾有國
朝王
之象也
庭實旅百奉之以玉帛天地
之美具焉故曰利用賓于王
艮爲
門庭
乾爲金玉坤爲布帛諸侯朝王陳

之美具焉故曰利用賓于王門庭
乾為金玉坤為布帛諸侯朝王陳
贄幣之象也旅陳也百言物備也
猶有觀焉故曰其在後乎因觀文以博占
故言猶有也觀非在己
之言故知在子孫也
風行而著於土故曰其在異國乎若在異國
必姜姓也姜姓大嶽之後也姜姓之先

為堯四嶽

山嶽則配天物莫能兩大陳衰此其昌乎

變而象艮故知當興於大嶽之後也得大嶽之權則有配天之大功故知陳必衰也

及陳之初亡也

昭八年楚滅陳也

陳桓子始大於齊

桓子敬仲五世孫陳無宇也

其後亡也

哀十七年楚滅陳也

陳無宇也其後亡[illegible]復滅陳也
成子始得政成子陳常也敬仲八世孫也陳完有禮於
齊子孫世不忘德々協於卜故傳
備言其終始也卜筮者聖人所以
定猶豫決嫌疑因而生義教者也
尚書洪範通龜筮以同卿士之數
南蒯卜乱而遇元吉恵伯答以忠
信則可臧會卜僭遂獲其應丘明
故舉諸縣驗於行事者以示來世
而君子志其善者遠者也他皆放此

而君子志其善者遠者也他皆放此

經廿有三年春公至自齊傳無祭叔來聘無傳穀梁以為祭叔為祭公來聘魯天子内臣不得外交故不言使不與其得使聘也夏公如齊觀社齊因祭社蒐軍實故公往觀也公至自齊無傳也荊人來聘無傳不書荊子使其來聘君臣同辭者蓋楚之始通未成其禮也

臣同辞者蓋楚之始通未成其礼
也　公及齊侯遇于穀　無傳　蕭叔朝公
無傳　蕭附庸国也叔名也就穀朝
公故不言来也凡在外朝則礼不
得具嘉礼不野合也　秋丹桓宮楹　桓公廟也楹柱　冬
十有一月曹伯射姑卒　無傳未同盟而赴以
名也　十有二月甲寅公會齊侯盟于
扈　無傳　扈鄭地也在

也
十有二月甲寅公會齊侯盟于
扈無傳扈鄭地也在滎陽卷縣西北也
傳廿三年夏公如齊觀社非礼也曹
劌諫曰不可夫礼所以整民也故
會以訓上下之則制財用之節貢
賦多少也
朝以正班爵之義帥長幼之
序征伐以討其不然不

也
朝以正班爵之義帥長幼之
序征伐以討其不然不然不用命也諸侯
有王從王事也王有巡狩省四方也以大習
之大習會朝之礼非是君不舉矣君舉必
書書於策也書而不法後嗣何觀晉桓
莊之族偪桓叔莊伯之子孫強盛偪迫公室也獻公

[illegible]族盛偪迫公室也獻公

患之士蔿曰去富子則群公子可

謀也已士蔿晉大夫富子二族之富彊者公曰爾

試其事士蔿與群公子謀譖富子

而去之以罪狀誣之也同族惡其富彊故士蔿得因而間之

用其所親為譖則似信離其骨肉

則黨弱羣公子於所以見賊之也

秋丹桓宮之楹

則黨弱羣公子終所以見戮之也

經

秋丹桓宮之楹

廿有四年春王三月刻桓宮桷刻鏤也桷椽也將逆夫人故為盛飾也

葬曹莊公無傳

公如齊逆女無傳親逆禮也

秋公至自齊

無傳

八月丁丑夫人姜氏入哀姜也公羊傳以為姜氏要公不與公俱入蓋以

傳八月丁丑夫人姜氏入公羊傳以爲姜氏要公不與公俱入蓋以孟任故丁丑入而明日乃朝廟也

戊寅大夫宗婦覿用幣 宗婦同姓大夫之婦也礼小君至大夫執贄以見明臣子之道莊公欲奢夸夫人故使大夫宗婦同贄俱見

大水 無傳

冬戎侵曹 無傳

曹羈出奔陳 無傳羈蓋曹世子也先君既葬而不稱爵者微弱不能自定曹[illegible]

[illegible]無傳赤

羈[illegible]君既葬而不稱爵者微
弱不能自定曹赤歸于曹無傳赤
人以名赴也曹僖公
也蓋為戎所無傳蓋經闕誤
納故曰歸也郭公也自曹羈以下
公羊穀梁之說既不了又不
可通之於左氏故不采用也

傳廿四年春刻其桷皆非礼也并非
丹楹
故言
皆也禦孫諫曰臣聞之儉德之恭

皆也禦孫諫臣聞之儉德之恭
也侈惡之大也禦孫魯大夫也先君有恭
德而君納諸大惡無乃不可乎以亦
丹楹刻桷為恭秋哀姜至公使宗婦覿用
幣非礼也傳不言大夫唯舉非常也禦孫諫曰
男贄大者玉帛公侯伯子男執玉諸侯世子附庸孤
卿執小者禽鳥卿執羔大夫

脩鍛脯加薑桂曰脩

男贄大者玉帛諸侯世子附庸孤卿執帛也小者禽鳥卿執羔大夫執鴈士執雉以章物也章所執之物別貴賤女贄不過榛栗棗脩以告虔也榛小栗脩脯也虔敬也皆取其名以示敬也今男女同贄是無別也男女之別國之大節也而由夫人亂之無

[illegible]國之大賊也所由來久若之無

乃不可乎晉士蔿又與羣公子謀使殺游氏之二子游氏二子亦桓莊之族也士蔿告晉侯曰可矣不過二年君必無患

經廿有五年春陳侯使女叔來聘女叔陳大夫氏也

[illegible]

陳卿女氏姝字夏五月癸丑衛侯朔卒元傳

惠公也書名者十六年與內大夫盟于幽也六月辛未

朔日有食之鼓用牲于社鼓伐鼓也用牲

以祭社也傳例曰非常也伯姬歸于杞無傳不書逆女

逆者微也秋大水鼓用牲于社于門國

門也傳例曰 [illegible] 元傳

微也秋大水鼓用牲于社于門國
門也傳例曰
亦非常也
冬公子友如陳无傳報女
叔之聘也諸魯出朝聘皆書如不
果彼國必成其礼故不稱朝聘春
秋之常也公子友莊公之母弟也
稱公子者史策之通言母弟至親
異於他臣其相殺害則稱弟以示
不義至於嘉好之事兄弟之篤睦
非例所興或稱弟或稱公子仍舊
史之文也母弟例在宣十七年

宣十七年注云
冬十有一月壬午
公弟叔肸卒
傳云凡稱弟
皆母弟也

傳廿五年春陳女叔來聘始結陳好

公羊例[illegible]卒 傳云凡稱弟 皆母弟也

史之文也母弟例在宣十七年

傳廿五年春陳女叔來聘始結陳好也嘉之故不名季友相魯原仲相陳二人有舊故女叔來聘季友冬亦報聘嘉好接備也卿以字為嘉則稱名其常也

夏六月辛未朔日有食之鼓用牲于社非常也非常鼓之月也長曆推之辛未實七月朔

則置閏失所

[illegible]推之辛未實七月朔

則置閏失所故致月錯也　唯正月之朔慝未作

正月夏之四月周之六月謂正陽

之月也今書六月而傳云唯者明

此月非正陽月

也慝陰氣也之

日有食之於是乎

用幣于社伐鼓于朝

日食歴之常

也然食於正

陽之月則諸侯用幣于社請救於

上公也伐鼓于朝退而自責以明

陰不宜侵陽[illegible]

上公也伐鼓于朝退而自責以明
陰不宜侵陽臣不
宜掩君示大義　秋大水鼓用牲
于社于門亦非常也　失常礼也　凡天災
有幣無牲　天災日月食大水也　祈請而已故不用牲　非
日月之眚不鼓　眚猶災也月侵日　為眚陰陽逆順之
事賢聖所重　故特鼓也　晉士蔿使群公子盡
殺游氏之族乃城聚而處之　聚晉

故特誅也

殺游氏之族乃城聚而處之聚晉邑也

冬晉侯圍聚盡殺群公子卒如士蔿之計

經

廿有六年春公伐戎無傳夏公至自伐戎無傳曹殺其大夫無傳不稱名非其罪也例在文七年

秋會宋人齊人伐徐无傳宋序齊上主

冬十有二月癸亥朔日有食之

七年 秋公會宋人齊人伐徐 宋序齊上
主兵 冬十有二月癸亥朔日有食之
無傳

傳

傳廿六年春晉士蔿爲大司空 大司空卿官也
夏士蔿城絳以深其宮 絳晉所都也今平陽絳邑縣也
秋虢人侵晉冬虢人又侵
為傳明年晉將伐虢張本也此

邑縣也
晉為傳明年晉將伐虢張本也此年經傳各自言其事者或經是直文或策書雖存而簡牘散落不究其本末故傳不復申解但言傳事而已

經
廿有七年春公會杞伯姬于洮伯姬莊公女也洮魯地也夏六月公會齊侯宋公陳侯鄭伯同盟

洮魯地也夏六月公會齊侯宋公

陳侯鄭伯同盟于幽秋公子友如

陳葬原仲　原仲陳大夫也原氏仲字

也礼臣既卒不名故稱字

也季友違礼會外大夫葬　冬杞伯

具見其事亦所以知譏也

姬来　傳例曰歸寧也　莒慶来逆叔姬　無傳慶莒

大夫也叔姬荘公女卿自

為逆則稱字例在宣五年　杞伯来

無傳杞稱伯者蓋

為逆則稱字例在宣五年冬杞伯來

朝 無傳杞稱伯者蓋為時王所黜也 公會齊侯于

城濮 無傳城濮衛地將討衛也

傳廿七年春公會杞伯姬于洮非事

也 非諸侯之事也 天子非展義不巡狩 天子

巡狩所以宣布德義 諸侯非民事不舉卿非

君命不越竟夏同盟于幽陳鄭服

宣布德義

君命不越境夏同盟于幽陳鄭服

也（廿二年陳乱而齊納敬仲廿五年鄭文公之四年獲成於楚皆有二心於齊今始服也）秋公子友如陳葬原

仲非礼也原仲季友之舊也冬杞

伯姬来歸寧也（寧問父母安否也）凡諸侯

之女歸寧曰来出曰来歸（嫁不反歸）

伯姬來歸寧也　安否也　皈不反歸
之女歸寧曰來出曰來歸　之辞也
出謂犯七出而自絶者也
夫人歸寧曰如某出曰歸于某　晉
侯將伐虢士蔿曰不可虢公驕若
驟得勝於我必棄其民　棄民不養之也　無
衆而後伐之欲禦我其誰與夫礼
[illegible]

衆而後伐之欲禦我誰與夫禮
樂慈愛戰所畜也夫民讓事樂和
愛親哀喪而後可用也上之使民以義讓哀
樂爲本言不虢弗畜也亟戰將饑
可力彊也
言虢不畜義
讓而力戰也王使召伯廖賜齊侯
召伯廖王卿士也且請伐衛以
命賜命爲侯伯也
立子頹

賜命為侯伯也　上言伐衛之

其立子頹也　立子頹在十九年也

經廿有八年春王三月甲寅齊人伐

衛衛人及齊人戰衛人敗績　齊侯稱人

者諱取賂而還以賤者告也不地者史失之也　夏四月丁

未邾子瑣卒　素果反　無傳未同盟而赴以名也　秋荊伐

鄭……魯

鄭會齊人宋人救鄭冬築郿魯下邑也傳例曰邑曰築也大無麥禾書於冬者五穀畢入計食不足而後書也臧孫辰告糴于齊臧孫辰魯大夫臧文仲也

傳廿八年春齊侯伐衛戰敗衛師數

傳廿八年春齊侯伐衛戰敗衛師數
之以王命取賂而還晉獻公娶于
賈無子 賈姬姓國 之義反 烝於齊姜 齊姜武公妾也 生
秦穆夫人及大子申生又娶二女
於戎大戎狐姬生重耳 直龍反 大戎唐叔子孫別在
戎狄者也 小戎子生夷吾 小戎允姓之戎子女 晉

者也。小戎允姓之戎子女晉
伐驪戎。驪戎男女以驪姬。驪戎在京兆新
豐縣。其君姬姓。其爵男
也。納女於人曰女也。歸生奚齊。
其娣生卓子。驪姬嬖。欲立其子。賂
外嬖梁五與東關嬖五。姓梁名五。在閨闥之
外者也。東關嬖五。別在關塞者。亦
名五。皆大夫。為獻公所嬖幸。視聽
外事

名五皆大夫為獻公所嬖幸視聽
外事者也使言於公曰曲沃君之宗也
曲沃桓叔所封先
君宗廟所在也蒲與二屈君之
疆也蒲今平陽蒲子縣也二屈今
平陽北屈縣也或云二當為
北
也不可以無主宗邑無主則民不
威疆埸無主則啓戎心戎之生心
民慢其政國之患也若使大子主

疆埸無主則啓戎心戎之生心
民慢其政國之患也若使太子主
曲沃而重耳夷吾主蒲與屈則可
以威民而懼戎且旌君伐　旌章也　伐功也
使俱曰狄之廣莫於晉為都晉之
啓土不亦宜乎　廣莫狄地之曠絶也即謂蒲与北屈
也言遣二公子出都之則晉有蓄

[illegible]也即謂蒲与北屈
也言遣二公子出都之則晉方當
大開土界獻公未決故復使二五
俱說此　晉侯說之夏使太子居曲
美也
沃重耳居蒲城夷吾居屈群公子
皆在鄙　邊邑也　唯二姫之子在絳二
五卒與驪姫譖群公子而立奚齊
晉人謂之二耦　二[illegible]相耦黨一

晉人謂之二五耦二耜相耦廣一尺共起一伐言二人俱共墾傷晉室若此也楚令尹子元欲蠱文夫人文王夫人息嬀也子元文王弟也蠱惑以淫事也為館於其宮側而振萬焉振動也萬舞也夫人聞之泣曰先君以是舞也習戎備也今令尹不尋諸仇讎而於

夫人聞之泣曰先君以是舞也習
戎備也今令尹不尋諸仇讎而於
未亡人之側不亦異乎尋用也婦人既寡自
稱未亡人也御人以告子元御人夫人之侍人也
子元曰婦人不忘襲讎我反忘之
秋子元以車六百乘伐鄭入于桔
繩證反　戸結反
門桔柣鄭遠

桔柣之門桔柣鄭遠郊之門也子元鬪御彊鬪梧耿之不比為旆子元自與三子特造旆以居前也廣充幅長尋曰旐繼旐曰旆也鬪班王孫游王孫喜殿三子在後為反欒也衆車入自純門及逵市純門鄭外郭門也逵市郭內道上市懸門不

大逵求龜反逵市鄭内道上市縣門不

發楚言而出子元曰鄭有人焉縣門

施於内城門鄭示楚以暇故不閉

城門出兵而效楚言故子元畏之

不敢進也諸侯救鄭楚師夜遁鄭人將

奔桐丘許昌縣東北有童丘城也諜告曰楚幕

有烏乃上諜同也幕帳也冬飢臧孫辰告

糴……經書大無麥禾專言飢

不狝人一幕帳也之館所狝用之

糴于齊礼經書大無麦禾傳言飢傳文先書飢在築郿上者說始糴也經在下須得糴也殖穀譸飢故曰礼也築郿非都也凡邑有宗廟先君之主曰都無曰邑邑曰築都曰城周礼四縣為都四井為邑然宗廟所在則雖邑曰都尊之也言凡邑則他築非例也

傳例曰書不

尊之也言凡邑則他築非例也

經廿有九年春新延廄傳例曰書不時也言新者皆舊物不可因更造之辭也

依傳注正義寺必可讀之作字

夏鄭人侵許傳例曰無鍾鼓曰侵

秋有蜚傳例曰為災也

冬十有二月

紀叔姬卒無傳紀國雖滅叔姬執節守義故繫之紀賢而錄也

城諸及防諸防皆魯邑也傳例曰書時也諸非俗難而興作傳皆重云時以釋之

也城諸及防曰書時也諸非備難而興作傳皆重云時以釋之他皆放此諸今城陽諸縣也

傳廿九年春新作延廄書不時也經無作字蓋闕

凡馬日中而出日中而入日中春秋分也治廄當以秋分因馬向入而備之今以春作故曰不時也

夏鄭人侵許凡師有鐘鼓曰伐聲其罪無鐘鼓[illegible]掩其

其

罪也無曰侵鐘鼓無聲輕曰襲奄其不備秋有

蜚為災也凡物不為災不書冬十

二月城諸及防書時也凡土功龍

見而畢務戒事也謂今九月周十一月龍星角亢

晨見東方三務始畢戒民以土功事也火見而致用大火

心星次角亢見者　謂

栽　字林才代反又音再也說文云築牆長板

畢戒民以功事也火見而致用火　正云火見今十月初也

心星次角亢見者　苦浪反又音剛　謂

也致築作之物也水昏正而栽今

十月定星昏而中於日至而畢日

是樹板幹而興作也南

至微陽始動

故土功息也

樊皮叛王

樊皮周大

夫也樊其

采地皮

名也

經卅年春王正月晏次于成無傳將　子匠反

卑師少

[illegible]

郭

故直言次齊將降鄣故設備也秋七月齊人降鄣無傳鄣紀附庸國也東平無鹽縣東北有鄣城小國孤危不能自固蓋齊遥以兵威脅使降附也之八月癸亥葬紀叔姬無傳以賢録也无后子故不作謚也九月庚午朔日有蝕之鼓用牲于社無傳冬公及齊侯遇于魯濟濟水歴齊魯界在齊

有食之鼓用牲于社傳冬公及齊

侯遇于魯濟水歷齊魯界在齊界為齊濟在魯界為魯濟蓋魯地也齊人伐山戎山戎北狄也

傳卅年春王命虢公討樊皮夏四月

丙辰虢公入樊執樊仲皮歸于京

師楚公子元歸自伐鄭而處王宮

[illegible]

穀　奴走反　楚人謂乳ヲ一　漢書作穀ニト

師楚公子元歸自伐鄭而處王宮

欲遂蠱文夫人也

鬬射師諫則執而梏之

射師鬬廉也足曰桎手曰梏也

秋申公鬬班殺子元

申楚縣也楚僭縣尹皆稱公也

鬬穀於菟為令尹自毀其家以紓楚國之難

鬬穀於菟令尹子文也

毀減也紓緩也

冬遇于魯濟謀伐山

……齊……故

殿滅紓緩也之遇之鼎濟言仁

戎也以其病燕故也齊桓行霸故欲為燕謀難

也燕國今薊縣也

捷

經卅有一年春築臺于郎無傳刺奢且非土功之時也

夏四月薛伯卒無傳未同盟也

築臺于薛无傳薛魯地也

六月齊侯來獻戎捷

傳例曰諸侯不相遺俘捷獲也獻

捷
□薛魯地也六月齊侯來獻戎捷

傳例曰諸侯不相遺俘捷獲也獻奉上辭也齊侯以獻捷禮來故書以示過也

秋築臺于秦無傳東平范縣西北有秦亭也

冬不雨無傳不書旱不為災也例在僖三年

傳

卅一年夏六月齊侯來獻戎捷非禮也凡諸侯有四夷之功則獻于

以警懼

禮也凡諸侯有四夷之功則獻于
王〻以警于夷　以警懼中國則否
諸侯不相遺俘　雖夷狄俘猶不以相遺也
經卅有二年春城小穀　小穀齊邑也濟北穀城縣
城中有管仲井大都以
名通者則不繫國也　夏宋公齊
侯遇于梁丘　齊善宋之請見故進
其班梁丘在高平昌
邑縣西南

其班梁丘在高平昌

邑縣西南也

秋七月癸巳公子牙卒

牙慶父同母弟僖叔也飲酖而死不以罪告故得書卒書日者公不與小斂也

八月癸亥公薨于路寢

路寢正寢也公薨皆書其所詳凶變也

冬十月己未子般卒

子般莊公太子先君未葬故不稱爵不書殺諱也

公

無傳慶父既殺子般

般卒故不稱爵不書殺諱之也

公子慶父如齊無傳慶父既殺子般季友出奔國人不与故懼而適齊欲求援時无君假赴告之礼而行也

狄伐邢無傳邢國在廣平襄國縣也

傳卅二年春城小穀為管仲也公感齊桓之德故為管仲城私邑也

齊侯為楚伐鄭之故請會于諸侯楚伐鄭在廿八年

仲城私邑也

請會于諸侯〔楚伐鄭在廿八年宋謀為鄭報楚也〕

公請先見于齊侯夏遇于梁丘秋

七月有神降于莘〔有神聲以接人也莘虢地也〕惠

王問諸內史過曰是何故也〔內史過周大夫也〕

對曰國之將興明神降之監

也
國之將興明神降之監
其德也將亡神又降之觀其惡也
故有得神以興亦有得神以亡虞夏
商周皆有之亦有神異王曰若之何對
曰以其物享焉其至之日亦其物
享祭也若以甲乙日至祭先脾玉用蒼服尚青以此類祭也王
從之内史過往聞虢請於

玉用蒼服尚青以此類祭也
從之内史過往聞虢命聞虢請於神求賜土
田之命也及曰虢必亡矣虐而聽於神
〻居莘六月虢公使祝應宗區史
嚚享焉神賜之土田祝大祝也宗〻人也史太
史也應區嚚皆名也史嚚曰虢其亡乎吾聞

篤皆若也史嚚曰虢其亡乎吾聞
之國之將興聽於民（政順民之心也矣）將
亡聽於神（求福於神）神聰明正直而壹
者也依人而行（唯德是與）虢多涼德其
何土之能得（涼薄也為傳二年晉滅下陽傳也）初
公築臺臨黨氏（黨氏魯大夫也築臺不書不告廟也）
見孟任從之閟（孟任黨氏女也）而

臺不書不吉廢也

見孟任從之閟孟任黨氏女也閟不從公也而以夫人言許之許以爲夫人也割臂盟公生子般焉雩講于梁氏女公子觀之雩祭天也講肄也梁氏魯大夫也女公子子般妹也圉人犖自牆外與之戲圉人掌養馬者以慢言戲也子般怒使鞭之公曰不如殺之是不

犖自牆外與之戲以慢言戲也
子般怒使鞭之公曰不如殺之是不
可鞭犖有力焉能投蓋于稷門蓋覆
也稷門魯南城門也走而自公疾
投接其屋之桷反覆門上也
問後於叔牙對曰慶父材蓋欲進其同母
兄也問於季友對曰臣以死奉般季友
莊公母弟故

也問於季友對曰臣以死奉般父
莊公母弟故公曰鄕者牙曰慶父
欲立般也
材成季使以君命命僖叔待于鍼
巫氏成季季友也鍼巫氏魯大夫也使鍼季酖之
酖鳥名也其羽有毒以畫酒飲之則死也曰飲此則有
後於魯國不然死且無後飲之飯歸
逵泉魯地

後於魯國不然死且無後飲之自
及逵泉而卒立叔孫氏逵泉魯地也不以罪
誅故得立
後世其祿八月癸亥公薨于路寢
子般即位次于黨氏即喪位也次舍也冬
十月己未共仲使圉人犖賊子般
于黨氏共仲慶父成季奔陳出奔不書國乱史失
也立閔公閔公莊公庶子也

于黨以慶父成季奔陳國乱史夫

也

立閔公　閔公莊公庶子也於是年八歳也

巳諱久

名啓方莊公之子母叔姜史記名開謚法在國遭難曰閔

春秋經傳集解莊公第三

本六千六百九十一字
注八千四十九字

春秋卷第三

文永五年八月十八日以累家秘説

奉授越後六郎尊閣畢

文永五年八月十八日以累家秘説
奉授越後次郎尊閤畢
音博士清原（花押）

本奥云
正嘉二年十二月晦以家秘説奉
授越州使君尊閤畢
前参河守清原
在判

前参河守清原

文永五年八月廿八日以音博士本

一校畢

本奥云

治承四年七月廿六日未刻従受家秘

説了　　能登介清原頼業

元暦元年七月十三日巳刻重奉

元暦元年七月十三日巳刻重奉
受御説了　主水正良業

建長元年五月廿一日申刻以
清家秘本為證古書寫了
木工權助安倍維行

正元二年四月三日以摺本付
反音了　右介俊隆

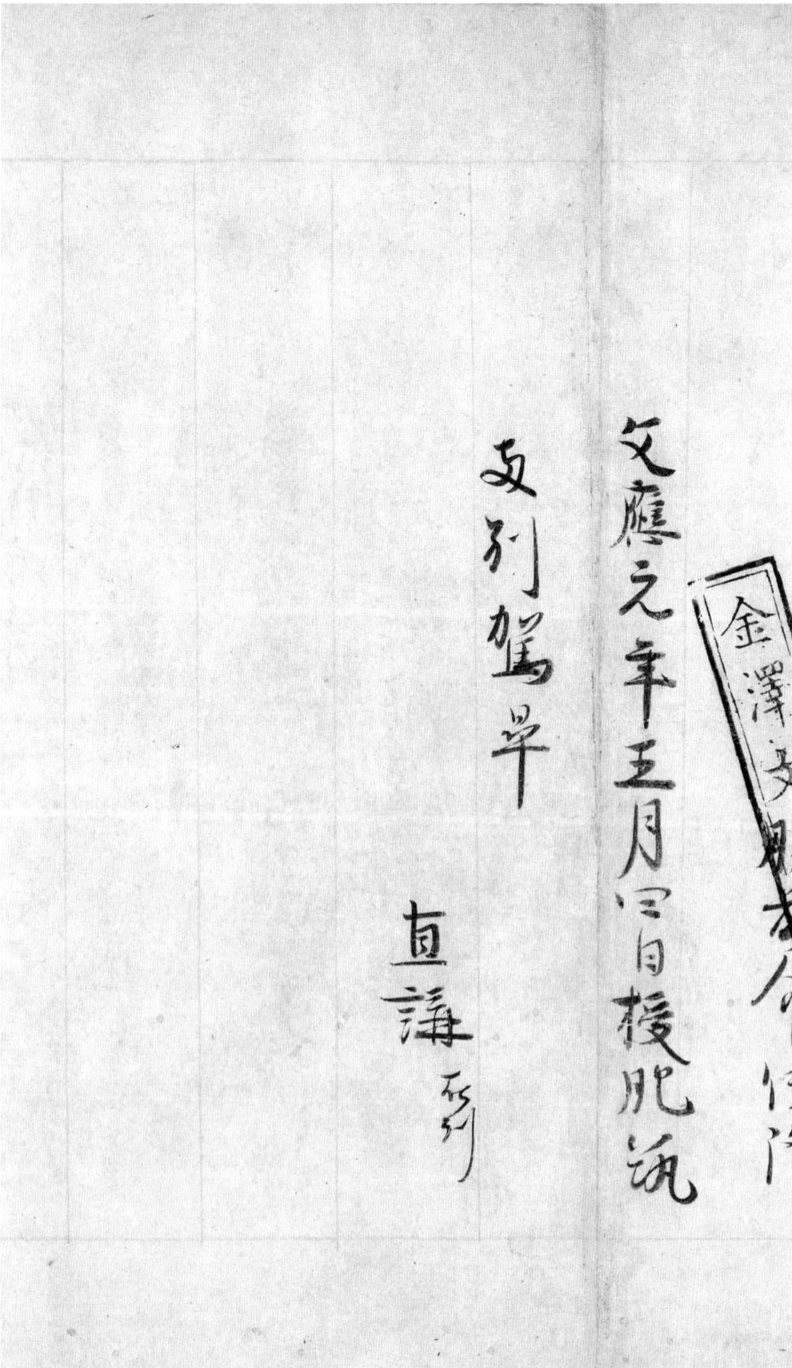

金澤文庫
文應元年五月三日授肥統
支列篤早
直講　在判

經與迴先生講說之席ノ
于時應永丁亥孟冬下旬作
山從海怡

左傳集解

平聲上

春秋經傳集解閔公第四　杜氏　盡二年

閔公名啓方莊公之子母叔姜史記云名開謚法云在國遭難曰閔

陸曰名啓方莊公之子母叔姜史記云名開謚法在國遭難曰閔

春秋經傳集解閔公第四　杜氏　盡二年

經元年春王正月齊人救邢夏六月
辛酉葬我君莊公秋八月公及齊
侯盟于落姑落姑齊地也季子來歸季子
公子友之字也季子忠救於社稷
爲國人所思故賢而字之也齊侯

為國人所思故賢而字之也齊侯
許納故冬齊仲孫來仲孫齊大夫
曰歸也以事出疆
曰来省難非齊侯命故不稱使也
還使齊侯發寧魯難故嘉而字之
也来者事實也省難其志也故經
但書仲孫之来而傳尋仲孫之志
也

傳元年春不書即位乱故也國乱不得成礼

也狄人伐邢狄伐邢在

得成禮

也

狄人伐邢狄伐邢在往年冬也管敬仲言

於齊侯曰戎狄豺狼不可厭也敬仲

管夷吾也諸夏親暱不可棄也諸夏中國也暱

近也宴安酖毒不可懷也以宴安比之酖毒也

詩云豈不懷歸畏此簡書詩小雅也文王

為西伯勞來

在裏

也文王

為西伯勞來諸侯之詩也簡書同惡相恤之謂

也同恤所惡也請救邢以從簡書齊人

救邢夏六月葬莊公乱故也是以

緩十一月乃葬也秋八月公及齊侯盟于

落姑請復季友也閔公初立國家多難以季子忠

賢故請霸

謂女言汝也多難以季子忠
賢故請霸主而復也齊侯許之使召諸陳公
次于郎以待之非師旅之事故不書次也季子
來歸嘉之也冬齊仲孫湫來省難
湫仲孫名也書曰仲孫亦嘉之也仲孫
歸曰不去慶父魯難未已時慶父亦已還
魯

斃婢世反

歸曰不去慶父魯難未已還

魯公曰若之何而去之對曰難不

也

已將自斃也踣蒲北反君其待之公曰魯

可取乎對曰不可猶秉周禮

所以本也臣聞之國將亡本必先

顛而後枝葉從之魯不棄周禮未

可動也君其務寧魯難而親之

顛而後枝葉從之魯不棄周禮
可動也君其務寧魯難而親之親
有礼因重固能重能固則當就成之也間攜貳
離而相疑者則當因而間之也覆昏乱覆敗也霸王
之器也霸王所用故以器為喻也晉侯作二軍
晉本一軍見莊十六年公將上軍太子申生

莊十六年

將下軍趙夙御戎畢萬為右為公御右

也夙趙衰兄也畢萬魏犨祖父也以滅耿滅霍滅魏

平陽皮氏縣東南有耿鄉永安縣東北有霍大山三國皆姬姓也

還為太子城曲沃賜趙夙耿賜畢萬魏以為大夫士蔿曰太子不得

立矣分都城而位以卿先為之極

萬魏以為大夫士蔦曰大子不得
立矣分之都城而位以卿先為之極
又焉得立位以卿謂將下軍也不如逃之无
使罪至為吳太伯不亦可乎太伯周大
王之適子也知其又欲立季歷故讓位而適吳也猶有令
名與其及也言雖去國猶有令名者與其勝於留而及禍也

勝於留而及禍也

且諺曰心苟無瑕何恤乎無家天

若祚太子其無晉乎為晉殺申生傳也卜

偃曰畢萬之後必大卜偃晉掌卜大夫也萬

盈數也魏大名也以是始賞天啓

之矣天子曰兆民諸侯曰萬民今

以魏

之矣天子曰兆民諸侯曰萬民今名之大以從盈數其必有衆以魏從萬衆家也

初畢萬筮仕於晉遇屯䷂震下坎上屯也之比䷇巛下坎上比屯初九變而為比也辛廖占之曰吉辛廖晉大夫也屯固比入吉屯險難也所以為堅固也比親孰大焉其必蕃昌

屯險難所以為堅固也十元比親密所以得入也十元震為土震變為坤也十元車從馬震為車坤為馬也十元足居之震為足也十元兄長之震為長男也十元母覆之坤為母也衆歸之坤為衆也十元六體不易初一爻變有此六義不可易也合而能固安而能殺公侯之卦也比合屯固坤安震殺故曰公侯之卦也十元公侯之子孫必復其始萬畢公

殺故曰公侯之卦也公侯之子孫必復其始萬畢公高之後也傳為魏之子孫衆多張本也

畢萬

經二年春王正月齊人遷陽无傳陽國名也

夏五月乙酉吉禘于莊公

蓋齊人偪徙之也

逼本作 偪キ作

三年喪畢致新死者之主於廟廟之遠主當遷入祧因是大祭以審昭穆謂之禘莊公喪制未闋

廟ゝ之遠主當遷入祧因是大祭
以審昭穆謂之禘莊公喪制未闋
時別立廟ゝ成而吉祭又不於大
廟故詳書
以示譏也
秋八月辛丑公薨實弑書薨
又不地者
史策諱之
九月夫人姜氏遜于邾哀姜外淫故
遜稱姜氏也
公子慶父出奔莒
弑閔
公故
冬齊高子來盟无傳蓋高傒也齊侯使來
平魯亂僖公新立因遂結盟故不

襄十三年傳之弗地曰入

公故冬齊高子來盟也齊侯使來
平魯亂僖公新立因遂結盟故不
稱使也魯人貴之故不書名子男
子之
美稱十有二月狄入衛書入不能有其地也
例在襄十三年也鄭棄其師高克見惡久不得還師潰
而克奔陳故克狀
其事以告魯也
傳二年春虢公敗犬戎于渭汭犬戎西戎
在裏
別在中國者也渭水出隴西

傳二年春虢公敗犬戎于渭汭西戎別在中國者也渭水出隴西東入河水之限曲曰汭也舟之
僑曰無德而祿殃也殃將至矣遂
奔晉舟之僑虢大夫也夏吉禘于莊公速也
初公傅奪卜齮田公不禁卜齮魯大夫也
公即位年八歲知愛其傅而遂成其意以奪齮田齮忿其傅并及公
故慶父

在裏

或本作將咎至矣

其意以寵齮田齮忿其傅并及公故慶父因之

秋八月辛丑共仲使卜齮賊公于武闈宮中小門謂之闈成季以僖公適邾傳公閔公庶兄成風之子也共仲奔莒乃入立之以賂求共仲于莒莒人歸之及密使公子魚請密魯地也瑯耶費縣北有密如亭公

琅耶費縣
北有密如亭公子魚奚斯也　不許哭而往共仲
曰奚斯之聲也乃縊　慶父之罪雖重季子推親
々之恩欲同之叔牙存孟氏之族故略其罪不書殺又不書卒也
閔公哀姜之娣叔姜之子也故齊
人立之共仲通於哀姜々々欲立

人立之共仲通於哀姜〻〻欲立

之閔公之死也哀姜與知之故遜

于邾齊人取而殺之于夷以其尸

歸為僖元年齊人殺哀姜傳也夷魯地也僖公請而

葬之哀姜之罪已重而僖公請其喪還者外欲固齊以居厚内

存母子不絶之義為國家之大計也成季之將生也

為國家之大計也成季之將生也桓公使卜楚丘之父卜之卜楚丘魯掌卜大夫也曰男也其名曰友在公之右在右言用事也間于兩社為公室輔兩社周社毫社也兩社之間朝廷執政所在也季氏亡則魯不昌又筮之遇大有☲☰乾下離上大有也之乾☰乾下乾上乾大有六

毫

昌又筮之遇大有䷍大有也之

乾䷀乾下乾上乾大有六五爻變而為乾也曰同復

于父敬如君所筮者之辭也乾為君父離變為乾故

曰同復於父見敬與君同也及生有文在其手

曰友遂以命之遂以為名也冬十二月

狄人伐衛衛懿公好鶴鶴有乘軒

軒大夫

狄人伐衛衛懿公好鶴鶴有乘軒
者軒大夫車也將戰國人受甲者皆曰
使鶴鶴實有祿位余焉能戰公與
石祁子玦予甯莊子矢使守莊子甯速
也玦玉玦也曰以此贊國擇利而為之
贊助也玦示以當決斷也矢示以禦難也予夫人繡衣
取其文章

斷也矢示以禦難也與夫人繡衣
曰聽於二子取其文章順序也渠孔御戎
子伯為右黃夷前驅孔嬰齊殿丁練反傳言
衛侯共民有素雖臨
事而戒猶无所及也及狄人戰于
熒澤衛師敗績遂滅衛此熒澤當
在河北若
死國敵經不書滅者狄不能赴衛
之君臣皆盡无復文告齊桓為之
告諸侯言狄已去言衛

之君臣皆盡死彼文告齊桓爲之（于偽反下及衛）告諸侯言狄已去言衛之存故但以人爲文也

衛侯不去（起呂反藏也一云除也）其旗是以甚敗狄人囚史華龍滑與禮孔以逐衛人二人曰我太史也實掌其祭不先國不可得也

狄畏鬼故恐言當先白神也

乃先之至則告守曰

不可待也守石甯二夜與國人出

當先白神也乃先之至則告守曰

不可待也守石祁二大夫也夜與國人出

狄入衛遂從之又敗諸河衛將東走度河狄淺逐而敗之也

初惠公之即位也少(詩照反)蓋年十五六

齊人使昭伯烝(之承反)於宣姜不可強(其丈反)

之昭伯惠公庶兄宣公子頑也昭伯不可也生齊子戴

子頑也昭伯不可也生齊子戴
公文公宋桓夫人許穆夫人文公
為衛之多患也先適齊及敗宋桓
公逆諸河逆衛敗衆也宵濟夜度畏狄也衛
之遺民男女七百有卅人益之以
共滕之民為五千人共及滕衛別邑也立
廬舍也曹衛下邑

共滕之民爲五千人別邑也
戴公以廬于曹廬舍也曹衛下邑戴公名申立以其年卒而立文公也許穆夫人賦載馳于載馳詩衛風也許穆夫人痛衛之亡思歸唁之不可故作詩以言志也
齊侯使公子无虧帥車三百乘甲士三千人以戍曹无虧齊桓公子武孟也車甲之賦與於常故

武孟也車甲之賦具於常故傳別見之

歸公乘馬祭服五稱牛羊豕雞狗皆三百與門材

歸遺也四馬曰乘衣單複具曰稱門材使先立門戶

歸夫人魚軒

魚軒夫人車以魚皮為飾也

重錦三十兩

重錦〻之熟細者以二丈雙行故曰兩卅兩卅匹也

鄭人惡高克使帥師次于河上久而弗召

[illegible]鄭人惡高克
兩卌兩卌近也
使帥師次于河上弗召師潰而歸
高克奔陳高克鄭大夫也好利而
不顧其君文公惡之而
不能遠故使帥
師而弗召也
鄭人為之賦清人
清人詩鄭風也刺文公退臣
不以道危國亡師之本也
晉侯
使太子申生伐東山皐落氏
赤狄別種

使大子申生伐東山皐落氏赤狄別種也皐落其氏族也里克諫曰大子奉冢祀社稷之粢盛里克晉大夫也冢大也以朝夕視君膳者也膳廚膳也故曰冢子君行則守有守則從從曰撫軍守曰監國古之制也夫帥師專行謀帥師者必專謀軍事誓軍旅宣號令與國政之

國古之制也夫帥師專行謀者必

專謀軍事也誓軍旅宣號令也君與國政之所圖也非大子之事也國政正卿也

師在制命而已命將軍所制也稟命則不威

專命則不孝故君之嗣適丁歷反本又作嫡下同不可以

帥師君失其官帥師不威將爲用於虔反

之大子統師是失其官也專命

師君失其官帥師不威將焉用於虔反

之太子統師是失其官也專命則不孝是為帥師必不威也且

臣聞皐落氏將戰君其舍之公曰

寡人有子未知其誰立焉不對而

退見太子〻〻曰吾其廢乎對曰

告之以臨民謂居曲沃也教之以軍旅

告之以臨民沃也教之以軍旅

謂將下軍不供是懼何故廢乎且子懼

不孝無懼弗得立脩己而不責人

則免於難太子帥師公衣之偏衣

偏衣左右異色其半似公服也佩之金玦以金為玦也

狐突御戎先友為右狐突伯行重耳外祖父也

為申生御申生以其餘

狐突御戎[illegible]外祖父也爲申生御申生以太子將上軍也梁餘子養御罕夷先丹木爲右罕夷晉下軍御也梁餘子養爲罕夷御也羊舌大夫爲尉羊舌大夫叔向祖父也尉軍尉也先友曰衣身之偏ゝ半也握兵之要謂佩金玦將上軍也在此行也子其勉之

[illegible]分公身衣之[illegible]

要将上軍也[illegible]
偏躬无慝分公身衣之兵要遠灾
非悪意也
威權在己可親以无灾又何患焉
以遠害也
狐突歎曰時事之徵也歎以先交為不知君
心衣身之章也章貴賤也佩衷之旗也
也
旗表也所以故敬其事則命以始
表明其忠心
賞以[illegible]

表明其忠心　故敬其事則命以始
賞以春夏　服其身則衣之純　必以純色為服　用其
衷則佩之度　衷中也佩玉者士君子常度也　今命
以時卒閟其事也　冬十二月閟盡之時也　衣
之尨服（遠其躬也）　尨雜色也　莫江反　佩以金玦棄其衷也
服以遠之時以閟之尨涼冬殺金
寒玦離胡可恃也　寒涼殺離言危

服以遠之時以閟之尨涼冬殺金
寒玦離胡可恃也寒涼殺離言危温潤玦如環而
而缺不連雖欲勉之狄可盡乎梁餘子
養曰帥師者受命於廟受脤於社
脤宜社之宍盛以脤器也有常服矣不獲而尨
命可知也韋弁服軍之常也尨偏衣也死而不

命可知也尨偏衣也死而不
孝不如逃之罕夷曰尨奇無常雜也
奇恠非常之脤金玦不復雖復何為君有
心矣有害太子之心也先丹木曰是服也
狂夫阻之阻疑也言雖狂夫猶知有疑也曰盡敵而
反曰公辭也敵可盡乎雖盡敵猶有内
讒不如違之

之辭也敵可盡乎雖盡敵猶有內
讒不如違之違去也狐突欲行去也羊
舌大夫曰不可違命不孝棄事不
忠雖知其寒惡不可取子其死之
寒薄也大子將戰狐突諫曰不可昔
辛伯諗周桓公諗告也事在桓十八年云內
審說文云深諫也
寵並后外寵二政嬖子配適大都

辛伯諗周桓公桓十八年辛伯
審諗文云深諫也
竈並后外竈二政嬖子配嫡大都
耦國乱之本也周公弗從故及於
難令乱本成矣驪姬為内竈二五
為外竈奚斉為嬖
子曲沃為大都
故曰乱本成也立可必孝而安
挙身為孝不與其危
民子其圖之戦為安民也
有功益見害故言

吾其圖之戰為安民也與其危
身以速罪也有功益見害故言孰与危身以召罪也成
風聞成季之繇乃事之成風莊公之妾僖公
之母也繇卦兆之占辭也而屬僖公焉故成季
立之僖之元年齊桓公遷邢于夷
儀二年封衛于楚丘邢遷如歸衛
忘其滅亡

衛文公大布之衣左氏或作衣大布之衣說
諒去声 係正義

僖二年封衛于楚丘邢遷如歸衛
國忘亡 忘其滅亡 衛文公大布之
衣大帛之冠 大布麁布大帛厚繒 蓋用諸侯諒闇之服
務材訓農通商惠工 加惠於百工賞其利器用
也 敬教勸學授方任能 方百事之宜也 元
年革車卅乘季年乃三百乘 衛文公以

年革車卅乘季年乃三百乘　公以
此年冬立齊桓公始平魯亂故傳
因言齊之所以霸衛之所由興也
革車兵車也季年在傳廿五年蓋
招懐逆散故能致十傳之衆也

經一千八百一十三字
注一千六百五十一字

春秋閔公卷第四

春秋卷第四

春秋巻第四

文永五年八月十八日以累代之
秘説奉授越州太郎尊閤了
朝請大夫清原（花押）

本奥云
建長五年十一月廿二日以家

建長五年十一月廿二日以家
秘説奉授酒掃少尹了閣
筆
前参河守清原 在判

本奥云
治承四年七月廿七日於備州
郷之別受家秘説了

[illegible]

都已別受家秘說了

能州刺史清原良業（判）

往年多通先生之講說之席

于時[illegible]年丁亥仲冬四日

相之解釋了　手書[illegible]（判）